源·結

文窮 著

序

源起於「樂只君」三字，早已有前輩用此行文成書。基於尊重和避免誤會，故此書就改以「文窮」為筆名。縱然區區老朽一向以「樂只君」作掛牌之用。

亦要開明宗旨：此絕非一本可令人長知識的工具書，讀後亦不會有所得著。充其量只可說是「開心閱讀」而已。

因為區區既不博學，亦非鴻儒。實在只是江湖老漢，普通不過。

而且一事每有多解，總不成全數都寫出來。

如果以「學習」的心態來閱讀，就要有學得不夠全面的預備。例如國人上香，一般是三根的。但佛教、道教和民間的解釋卻有不同。如果以佛教為出發點，則怕被道教師父所貽笑。固是反之亦然！縱然是盡力寫出來，但亦總有掛一漏萬之處。

如果遇上一些「包拗頸」，就更不用多說了。

就以「八仙」為例，區區說有「張果老」，但你卻說是「劉海蟾」，並且能夠引用明代的《列仙全傳》為依據。當然，你亦可說張果老是「中八仙」，劉海蟾是「下八仙」，兩者不同。

但就是八位仙家的成仙次序亦有不同說法。

雖然大多說是先有鐵枴李（李玄），但亦有呂洞賓度鐵枴李之說（元代呂洞賓度鐵枴李嶽／岳）。

雖然兩位鐵枴之名有所不同，但實在「惹人遐想」。

如果區區說此書可長知識，那就不論說出哪一版本，都會被有心人「善意提醒」。既是如此，就先自掌嘴巴好了。

至於習非為是的慣用語，就更是陷阱。

例如區區說：做事要心狠！正所謂「無毒不丈夫」！

但你就可以跳出來說：是「無度不丈夫」才對！

縱然區區原意真的是教人要心毒、手狠，故用上了約定俗成的「無毒不丈夫」。

當再加上對文言文解釋的異同、各地俗例、考古上的新發現等因素，就更難有定音。

如果此書是出自於雅士文販，尚可互相筆戰。但區區人微言輕，所以就自己先投降好了。

目錄

第一篇

斗數閒話

一　前言

香島人對紫微斗數最狂熱的日子，或許已經過去了。此因為除了是操此業者自身的「問題」外，門外漢過於兩極化亦是原因。

其一極者，神怪電影看得太多，而過於迷信。算命先生批閣下得到一筆意外之財時，閣下就堅持要先生給你個準確的實數。否則就說先生唔夠「神準」，要另找高人云云。雖然區區亦聽過有「新進師兄」，可精確到連十位數都批到。

另一極者，同樣是電影看得太多，認為「山、卜、星、相」等都是騙術。縱然算命先生批得準確，亦只會標籤先生為「撞彩」、「捉心理」、「射覆」等。

那麼操此業者的「問題」又是如何呢？

甚麼魚財魚色的「棍徒」，也不用多說了。有趣的是部分操此業者，或因出於「鼓勵」事主而會說：每個人都有同樣的星曜，所以每個人都是差不多的。差別在於個人努力……（下剔萬字）。

可惜天地不仁！「智、愚、賢、魯、壽、夭、窮、通」，實在各有不同。而且玄學在於催吉避凶，而非自欺。例如：

知道身體哪處較弱，就預早保養。知道何時決定易出錯，就勿做大決定。知道緣薄，就更要珍惜。

至於單靠擺風水、戴水晶、帶個牌就能發財，區區則未能苟同了。老套講句：如果「得」，點解風水先生、神功師傅自己唔發咗先！

不過對那些追求「無中生有」和「快發」的人來說，怪力亂神始終會更為吸引。所以近年常說的「畫餅」其實早早就有，只是繪者的身份不同而已。所以你也不要笑人家了！

二　斗數門派

那麼「紫微斗數」又是甚麼？

是依靠出生的年、月、日、時和性別，去排列專門的「星曜」。再根據星曜的組合去分析事情。

雖然紫微斗數星曜的名稱部分是真實存在於天上的。但只屬借名，與天星運行未見有大關係。

那麼紫微斗數除了南派、北派和中洲派外，還有其他流派嗎？

不知道！區區當年學藝時，師父只說：教你紫微斗數。而當年的「老江湖」一般都尊重自己的「行頭」，故總認為自己的才是正統、正宗。所以稱自己專門的一科為紫微斗數已經足夠了，故哪又何來南、北、中之分呢？

亦因如此，區區相信最早期的斗數，絕不會有多派之分！

再者，世傳斗數為陳希夷（陳摶）先生一人所創（註一）。如是一人所創，那就應該只有一個見解。

既是如此這般，那又何必把一套東西再分開派別呢？

就如五枚大師創出詠春拳後，不會再把詠春拳分派為南、北、東、西。所以南、北、中之分只屬後人依據自己的心得和經驗等，而進行變改後的產物。既然如此這般，再有新流派產生，亦不足為奇。

實際上，就是同一派亦有不同的分支。那就再衍生出了「哪個才是正宗」的問題。當年在香島就有兩位泰斗，因此事而熱鬧起來。

所幸兩位前輩都有從事販文活動，因此事情可以在公平的情況下進行。否則就變了「一言堂」，而一眾亦未能從中得到學習的機會。

就斗數而言，區區從不敢自誇、自言。除了真的是力有不逮外，更自知區區一介寒生，根本沒有實力跟同道、同好爭長論短也（私友間夜郎自大一下，總是有的）！

單是斗數的基礎「四化」，已經有著不同的說法。而且亦是爭論不休，其他的就更不用多說了。

所謂四化，是指星曜隨著「天干」而變化了其中意義。但不是全部星曜都會參與四化，甚至有些是完全不參與的。區區所學的歌訣是：

甲：廉（廉貞）、破（破軍）、武（武曲）、陽（太陽）

乙：機（天機）、梁（天梁）、紫（紫微）、陰（太陰）

丙：同（天同）、機（天機）、昌（文昌）、廉（廉貞）

丁：陰（太陰）、同（天同）、機（天機）、巨（巨門）

戊：貪（貪狼）、陰（太陰）、陽（太陽）、機（天機）

己：武（武曲）、貪（貪狼）、梁（天梁）、曲（文曲）

庚：陽（太陽）、武（武曲）、府（天府）、同（天同）

辛：巨（巨門）、陽（太陽）、曲（文曲）、昌（文昌）

壬：梁（天梁）、紫（紫微）、府（天府）、武（武曲）

癸：破（破軍）、巨（巨門）、陰（太陰）、貪（貪狼）

依次為「化祿」、「化權」、「化科」和「化忌」。

現以天干「壬」為例：因為「壬：梁、紫、府、武」，所以此年的星曜天梁就化了祿、紫微就化了權、天府化了科、武曲則化了忌。

那麼「化祿」是否一定正面？當然不是！

以天梁化祿入命宮來說，不但未見特別有財運、財源，更會易因財而生事端。故命宮的天梁化科，一般較化祿為佳。

當然，如果是武曲星化祿於財帛宮，就肯定是有利於進財了。因為武曲本身為財星，財星入財帛宮即氣度相同。只要處在廟旺宮垣（註二），而不遇到太多凶星，基本已屬「財運不錯」了。當化祿後，就更是財星得祿（註三）。

那麼「化忌」呢？

如果是武曲星化忌在事業宮，就代表是有可能持利器為生或從事凶險行事。即可以是外科醫生、牙醫或屠夫等，詳情還得看實際組合。

註一：雖然區區認為流傳至今的斗數，絕非單獨一人所創。

註二：所謂「廟、旺」是指星曜身處合適的地支宮位。例如「太陽」星於巳宮，就是屬於入廟。相對於廟、旺，就是「閒宮」和「落陷」。

註三：但要小心的是，當武曲化祿時，文曲星必化忌。兩星有同宮、相對、會合等的可能。此時即所謂「祿逢忌衝」，敗局也！

三 如何操作

於實際操作上的運用，對未學過斗數的人來說要如何理解呢？用一個無中生有的故事來說說吧！

「人奴之生，得無笞罵即足矣，安得封侯事乎。」

當年衛青未出頭時，被善相者批「可被封侯」。衛青自知出身，不敢奢想，故回了上述一番話。人奴之生，這句沒錯。縱然日後成為了大將軍、大司馬，但始終是漢室「家奴」。既然是「奴」，被鞭笞、謾罵亦是正常。

有權鞭罵你的，一般是上司即斗數裡的父母宮（註四）。最令你有機會受懲罰、受鞭罵的，一般是共事者（斗數裡的兄弟宮、子女宮、奴僕宮。視乎實際情況和關係而定）。

被喻為可以是「打工皇帝」的天相，就是這個「奴」。

天相（命宮）的父母宮必為天梁。故四化（斗數術語，泛指星曜含意的變化。）對天梁的影響，就成為了天相可否得到明主的關鍵。吉凶影響較天相本身會合的四化（隨「天干」而定），更為重要。

而天相的兄弟宮必為巨門，當巨門化忌時當有口角不和。

區區沒有衛青八字在手，亦不相信所謂的「世傳八字」。故只是對號入座，根本沒有道理可言。假設，衛青命宮是天相，其兄弟宮必為巨門。衛青因同母之姐而貴，故巨門化祿。即習斗數者常掛口邊的「財蔭夾印」。而因為出身未夠純正，故父母宮的天梁該見凶曜。

到了衛青晚期受父母宮（漢武帝）的不良影響，而令同袍李廣出錯。其後李廣自戕，而衛青最終亦被李廣之子李敢所傷。故該是先受天梁的不良影響（可以是凶曜，可以是不良的四化），再受巨門化忌所引致（即刑忌夾）。

或問：縱然衛青原局真乃天相，但事發時未必同樣是天相在命宮的流年？更不會是天相在命宮的大運！此皆因坊間高手基於守秘，故一般只會說：睇十年大運，就看圖識字。找原局相應嗰「格」來計算就可。睇流年，就搵返流年嗰「格」。故初學者未懂操作，亦是正常事也。

另外，六親宮位參與四化，亦並不一定是好事。化祿，因祿而分；化權，過於關心；化科，言過飾非。

註四：斗數盤裡有十二格來容納星曜。該十二格分別為命宮、兄弟宮、夫妻宮、子女宮、財帛宮、疾厄宮、移遷宮、奴僕（交友）宮、事業宮、田宅宮、福德宮和父母宮。排序以逆時鐘方向而行。

四 分別心

區區一直覺得紫微斗數不難。看過兩、三本書，就已經足夠玩弄於朋儕間。當然，如果用於謀生，就得加點嘴頭（表達技巧）了。

如果要說「難」，恐怕不在於斗數本身，而是在於自己的分別心。現實中的星盤甚少會是全凶或全吉，更不會發生所謂查書就得（誤以為幾本書就會寫得晒全部的組合）嘅情況。

如何衡量凶、吉的相互影響，其實說難不難，當然說易也不是。關鍵在於持平的態度。不要因為是貴人、親人，而迷失了自己的判斷。

家師曾說一事，大意是（下述以家師為第一身）：

當年跟師父喺鋪頭做客（接待客人），時有客人會打賞畀師父。飲飲食食就更是少不了（當然是客人做東，否則唔畀面云云）。

有一次師父幫了位載署官員解決問題，老總事後以黃金重賞。但師父一直婉拒，不肯收下。或是老總覺得師父客氣，就說：日後還有地方要師傅幫助，就拿著吧！

師父既怕對方誤會，更怕有所得失（伴君如虎也）。就解釋：老朽不才，自知未有定力去抗拒分別之心。今日取了打賞，就怕日後有失。自家招牌掉下不打緊，只恐誤了貴人你大事。

師父怕未能釋老總疑惑（點解其他客人的打賞，你就收下來。我的卻不肯收下？），故再詳加說明：客人打賞一、兩圓或飲餐茶，還不至令老朽起分別心。但貴人相贈之數太大，收了後必對尊駕起了分別之心。

老總笑曰：對呀！收了後，有分別心，自然做得更好！

師父陪了幾聲笑，就說：貴人對極！受人錢財，替人消災。

師父停了一下，再說：但分別心一起，定會出現偏差。就如前清名醫葉天士（註五）所說「若是他人母，定用白虎湯」一樣。

正如祖師爺所說，玄學其中最難的一環，就是要克服自己的「分別心」。

尤其是占卜！因涉及占機和主觀分析，故要克服此點更是不容易。

例如「樂」字問病：可解作是難求良「藥」，因為樂字沒有藥字的草花頭；但亦因為樂不成藥，故亦可解為「不藥而癒」。

而當事情關乎自己時，「心」就更是難「定」了。

那麼斗數呢？

斗數確是有相較完整的理論，但始終需要「分析」。故同樣難脫分別之心。所以當你見到自己六親宮化忌，甚至是雙化忌或會合其他化忌時，亦不用太掛心。因為事情未必發生在對應的直系者身上，可能是旁支而已。例如「子女宮」可以是泛指後輩，不一定是自己的兒女。「父母宮」可以是上司、長輩，不一定是父母。

或說：如果不是自己替自己算，而是找好朋友替自己算呢？

既然說得是「好朋友」，即對方同樣會因你而起「分別心」！分別之心起了，不是杯弓蛇影，就是大安旨意。所以呢，如果有相熟的「高手」批你如何、如何，亦不用太掛心。

老套說句：關心則亂！

註五：說話葉大夫的母親患病，雖經精心診治，但仍未能治癒。葉大夫亦由此憂心不已。有一天晚上葉大夫喃喃自語：若是他人母，定用白虎湯。就是說，本該用白虎湯，但因為是自己母親，而起了分別心，故不敢施此重藥也。白虎湯此味極寒，有說當時葉母所患之病是為跟「沙士」類似的瘟疫。

五

世事由來多缺陷

或問：甚麼人不適宜學習？甚至是不宜接觸玄學？

區區會答：自悲、悲觀者不宜。

日前有一局（尚在襁褓中），區區批：命主搵到錢，而且可於行業內揚名。但該行業屬於受人鄙視（古代）嘅行業。

命主父親聽後，久不能言。

區區當然明白客人的心情，但亦只能好言相勸。

雖常言道：行行出狀元，又唔係作奸犯科。而且有名有利，究竟仲想點？就這一點，區區當然明白：可惜人心不足！而且說此話之人，本身亦未必能如此豁達。

打個比喻：醫生在花街行醫，低收費幫助神女。你會話佢係仁醫；但如果有神功師傅、算命先生以玄學幫助神女，甚至係授玄學，幫助神女日後轉營。你就可能會話佢係神棍，甚至係淫棍（註六）。

結論：自悲者，自己都睇唔起自己行頭。無衣食也！

所謂「世事由來多缺陷」！悲觀者每每把問題放大，終日惶恐。故不宜。

註六：為何說裝神弄鬼的人是神棍？說騙色者為淫棍？原來「棍」字本身就有不誠實、走歪路的意思。就如「光棍佬教仔」中的光棍佬，就是指蠱惑佬、老千一類的人。所以老一輩多稱「行騙」為「棍騙」。當然，亦與「小混混」一詞中的「混」字有著差不多的負面訊息。故亦有說此「棍」實源於「混」。

六 看化

算命呢行做得久了，已經可以說是——乜都睇化！

一例可共享：命主不單天生聰慧，而且有能力做到文武雙全。

唯區區細看盤後，輕聲而問：閣下細時讀主流學校？或是國際學校？

命主答：主流。

只君曰：雖然閣下叻仔，但學歷唔高！縱然有運動天分，卻未有機會學習！可惜……

其實命主都學過斗數，故曰：係！確係學歷唔高，這亦是我多年的不解心結，自問格局未差，文曜、科星排得不錯……

區區嘆曰：可惜閣下最初嘅兩個十年運都長輩緣薄，如果只是不得老師寵愛已屬萬幸。除非是讀洋人學校，則或有轉機。可惜不是！

命主聽後，輕嘆一口。

區區續說：試問成日同老師頂嘴者，點會有運行？自己亦點會有心機讀書？

區區幹此行後，除了「睇化」外（因為人生充滿缺陷和不公平），亦明白不要小看「金錢」的力量。以此為例：如果命主有家底，就能被放洋或入讀國際學校。如此這般的發展下去，事情就能順利得多。恐怕到其時候，區區就未有資格與命主結緣了。

既然銀紙咁重要，所以「祿運」亦係算命裡面嘅重要一環。其中斗數裡的祿存和化祿，算是較易掌握的表面數據和資料。

有自命君子之人，常說「君子問禍不問福」。

但其實都係兩睇，有些時候要有福，才可以解決到禍。當然，亦非祿化了，就一定可解決問題。例如父母宮主星不吉，又煞曜重重；縱是祿化，亦不過是父母有錢，實未必能解其刑剋。

不過有錢而有硬剋，總比冇錢而硬剋好。

粗俗點說：有錢死老竇，總較無錢死老竇好（至於會否引至別人圖謀，就是另一話題了）。

金錢不可解決全部問題，但卻可減少問題……

但於某些事情的宮位上見祿太多，亦非好事。尤其是發生在十年運或流年的時候。

例如：在父母宮化祿重重，可能是孝服之年（尤以父母宮的主星為天府的時候）；在兄弟宮，易因利反目；在疾厄宮，就更要小心健康。而實際情況當然要看實施的星曜組合。

當然，所謂看化、看通，往往都是自欺欺人。對沒有真正經歷過「苦海」的人來說，一切都只是「口頭禪」而已。

七 心中有數

縱然心中有數，每多明知故犯。

話說當年甲師叔往外續弦前，曾相約家師暢談。因某種緣故，所以區區當時亦在場做其陪客。

甲師叔：師兄（家師），（我）今次出門（再娶）其實都心大心細。

家師：師兄（甲師叔），亞嫂都離開咗咁耐……而且續弦係好事，點解咁講？

甲師叔：我自己計過，嚟緊呢幾年會被外頭（此處指香港以外）嘅女人害。而且係有香火緣（男女關係）嘅女人。

家師：以師兄你嘅功力，應該唔會錯！點解……

甲師叔：計數就真係唔應該（離港再娶），不過自問只要對佢（新寵）好，佢冇理由害我！而且只要我唔搞其他女人，就更加唔會有事。

家師未有回答任何。

甲師叔繼續說：可能係自己先入為主，對外面嘅女人冇信心，而影響條數。所以原本約師兄出嚟，係想師兄幫我睇睇。但依家諗諗下，都係唔想勞煩師兄。

家師久未能語，最終才說：都啱！

區區當時唔明白點解家師會講「都啱」二字。

所謂烏飛兔走、春去秋來，日月如梭……

今早接到師兄來電，說要取消聚會。事因甲師叔床頭金盡、腰上囊空，即有人要求下堂。甲師叔一時火到，就動起手來。所以現在已經是涉及刑事官非了。故師父要趕出門，幫師叔打點云云。

只君沒有師叔的八字在手，現在只是用「已知事情」來推測和比喻。純粹是論事，不是說人。

此局可以肯定的有幾點：命宮、夫妻宮、福德宮和財帛宮皆凶。

命宮應該有官非星曜，夫妻宮見有分離、爭執，福德宮有衝動、魯莽行為，財帛宮有破耗的組合（但可能是之前一年的事）。如果把事情連繫起來，遷移宮就起了催化作用。滿盤星耀，凶星、忌星差不多已盡落四門（命、夫妻、財帛、福德）。故坐正在遷移宮的凶星未必太多，或會以為出門、移居可化解（以師叔嘅功力肯定知道唔係呢回事）。但遷移宮會合命、夫妻、福德宮，卻差不多把凶星全數會合。故其實此局不應出門，因為命宮只會合財帛宮的凶星。縱然雙飛蝴蝶匯入（註七），亦威力已減。

如果師叔沒有離港，於「平行宇宙」裡，區區推斷師叔只會是床頭金盡、夫妻分離，而影響心情。官非就會變成破產、離婚一類的相較輕微之事了。

而師叔自批的「被女人害」雖然還是發生，但總算是破財擋災。始終俗世人總有情感、愛、慾。要斷絕，實在不易。

此文是要指出「算命」點樣可以幫人去趨避。因為要完全避開俗世的誘惑，著實並不容易。但單純唔出門，就相較是容易多了。

那麼如果以批事來說，何事較難呢？

這就得看每位師傅於斗數外的修為了。一般來說以推病較難，雖說醫、卜、星、相、山互通，但也究竟不同。

近代少見有玄學師傅能精通醫術，每多只是對號入座而已。例如見到紫微星會桃花、輔助星，就說是風流病。根本不知紫微星主脾臟，更不知脾臟出問題時的身體表徵。純粹是搬字過紙，真正的「依書直說」！

最怕事主的另一半懂點相關皮毛，而又知道事主生殖系統確是出了問題。就繼而對號入座，說事主於外風流所致。

當然，最聰明的人對著自己所貪、所愛之事情，都會變得愚蠢。就像善於詞令的人對著深愛時，往往不懂說話。甚至是因為不懂說謊，而令對方覺煩、生氣、討厭。

所以下次因自身失誤而被女朋友或老婆鬧時，你就要懂得說：因為我愛您！至於是否真的是自己有錯，就是題外話了。

你是懂的！對嗎？

註七：斗數裡的一種技巧。大意是「借星」入宮，但不同門派的借法有異。甚至是不認同此法。

八 化解

學過斗數的朋友都知：天梁化祿每有暗藏禍害之弊，輕者亦多招閒話。此皆因清官得財，不合氣度。但命主又可否憑自己的後天意志，去保持清廉而作化解呢？

有一例，可說之：命主不單是位老軍官，更曾經是所謂的「一方武神」。其命宮為天梁化祿於未宮，會合亥宮祿存。

如看官說：「條命唔似係軍旅出身！」

那就先請閣下不要駁古，或先多看點書吧。

老先生為人正直，從未變改初心。於經濟起飛時，老先生的不少戰友已經「配合」社會需要，而達致「先富」。唯老先生仍沒有被物質所動搖，縱然是親兒亦沒有「關照」。

其實以老先生當時的官階，甚麼黨員、市委、太保、角頭、議員、商家、黑道等，都要睇佢面色。如果要關照親友做官，當然亦人人畀面。但老先生信奉真正的「天下為公」，故從不關照自己人。

如斯看來：老先生雖然天梁見祿重重，但因為保持廉潔、公正。所以應該冇人會講佢啦？

但可惜……老先生的子女宮為貪狼於辰宮，會合羊、陀（當然，尚有其他不良星曜）。原本可以用「利益」來粉飾的和諧，現在卻被老先生的公正、依法、守規所衝破。

所以當老先生退下來後，親生仔就不時怨老豆「冇關照」。

再以區區為例：於二零二三年，即癸卯年，區區的福德宮為巨門化權。

巨門之弊，在於多言。而因為對衝太陽，故多言純粹是出於關心（太陽光照大地，不求回報）。另因太陽坐在「亥宮」屬於落陷（不是好的位置），故屬小圈、小眾之事而且。

而巨門化權只可把多言，轉為更加忠誠和關心，並不代表成效。

區區的地空和地劫與巨門同在福德宮，亦即被太陽所衝。太陽畏空、劫（尤其是在福德宮），故勞而無功。最弊處是巨門會合擎羊、陀羅和鈴星。六凶星（註八），已見其五。故定招怨對。

結果是區區於當年過分熱心好友的事情，而令大家反目。

或問：既然早知如此，何解不忍忍口？

嘆曰：世事始終不是一加一就是二，根本沒有「何解」可言。

註八：六凶星即火星、鈴星、地空、地劫、擎羊和陀羅。

九
富起來

總有客人問區區：自己幾時發達。

可惜大多數人，都係冇得發達。

第一，縱然你好運，靠賭博贏到大錢。但多數未能發財到尾。

第二，唔係做生意，只係打份工。畀你搵廿萬一個月，已經好叻仔。但絕不能稱得上發達。

第三，走去買賣玩股，敢輸唔敢贏。一蚊買入升一毫，就走唔切。一蚊跌落去，就段段溝貨。至於甚麼「唔係投機，係投資」、「一日唔放、一日未算蝕」之類的高見，區區當然未有批評的資格。

第四，粵語片裡話你喺馬拉嘅三叔婆，有遺產畀過你。而你居然真的在等這事發生。

與其問幾時發達，倒不如問自己可以靠乜嘢去發達。當然，玄學可以告你知哪條路會於你合適，但絕不能無中生有。否則位位算命先生自己都後運好、子孝孫賢了。

那麼玄學又如何幫助你呢？

其實指出問題所在，並提出建議不難。例如流年命宮有天魁、天鉞重疊會合，一般是有較多機會和謀事順利。天馬見祿疊合，有利出門求財。適時重點出擊，或可一步到位。

但當同時見到地空、地劫，就要小心橫生枝節。如果進一步睇，就可以知道問題所在。例如兄弟宮文曲、文昌化忌，而又被凶星沖起。就要小心合夥人、同事、好友，甚至是親兄弟之類了。

但選擇相信兄弟、好友多於算命先生，卻是人之常情。

那麼擺個風水可以吧？今次擺個發財風水陣，肯定可以風生水起了！

可惜真正的高手，根本並不容易找。而且區區認為風水再好者，亦不可能直接提升財祿。好風水只可減少你的失誤，而間接有利於你的財祿。例如減少決策失誤、減低重病的機會等。

正如前言所說：如果「得」，點解風水先生自己唔發咗先！

十五　指山

最初接觸斗數的時候，覺得「人」如何努力，都改變唔到自己條命。

批算未能準確，只是自己計算和分析出錯。通過檢討會發現人生軌跡，根本如「盤」所示的一樣。

到了中期，反而會認為人生，並不是「宿命」。個人的決擇和自由意識等等，均可改變往後的命運。

而到了後期方知，人生就如悟空一樣，根本從來沒有跳出過「五指山」！縱然封印被唐僧打開，往後亦一起去取西經。但其實一切始終是在「如來」計算之中，所以臭猴兒一直未逃出過如來掌中。

人生可以改變和自決的只是細節，而非大綱。

就如今晚會去哪兒用膳，是可以選擇。但必須建基於該店今晚有營業，否則只是空談「選擇」了。又如先貧後富者，常言「自己改變命運」。但敢問閣下，如何証明自己不是一直被命運牽著走呢？

甚至是「智慧第一」、「神通第一」等，於業力面前根本不值一提。很多時候如區區般的老鬼明知「唔好」，但都改不了吃屎。

畀你算到又點？須知：你從沒有避得過甚麼，只是事情尚未發生罷了。

而說到《西遊記》，就得借題發揮說說命中剋星和逆菩薩。

甚麼是「逆菩薩」？

當「他」的出現，會令你陷於困難、迷失等的負面情況。但最終卻「導」了你。「他」可以是人、物、事等，不一而論。

周先生的《西遊降魔篇》尾段：臭猴子殺了三藏心愛的舒淇，三藏卻因此而開悟。

臭猴是三藏的剋星，因為臭猴殺了三藏所愛。但同時亦是三藏的逆菩薩，因為令三藏親身感受俗世的愛。否則三藏難以開悟。

臭猴是舒淇的剋星，因為殺了舒淇。但亦是舒淇的逆菩薩，因為令舒淇得到了一生所愛——三藏的心。

三藏是臭猴的剋星，因為真正收伏了臭猴。三藏是臭猴的逆菩薩，因為三藏令臭猴最終得道。

三藏是舒淇的剋星，因為舒淇為了三藏而死。三藏是舒淇的逆菩薩，因為令舒淇得到塵世中難有的死而無憾。

舒淇是臭猴的剋星，因舒淇不死，三藏根本收伏不到臭猴。舒淇是臭猴的逆菩薩，因為沒有舒淇，臭猴永遠只是一隻未被馴服的猴子。

舒淇是三藏的剋星，因為舒淇令三藏這位出家人墜到紅塵孽網。舒淇是三藏的逆菩薩，因為令三藏悟道。

至於命中剋星，亦可用周先生的《鹿鼎記》一幕來再做比喻：小寶不懂用毒、功夫普通，又非特別俊俏，但卻能把假冒太后的青霞敗退。青霞回教覆命時，如實告知神龍教老教主羅蘭。羅蘭就對青霞說：你要小心呢個人（韋小寶），佢可能係你命中剋星。

剋星可怕之處，是未必會直接令你「艱難」。故於玄學角度上，很難找出相關的端倪。

以父母宮見刑忌羊、陀、火、鈴、空、劫為例，此時只可說是緣薄、有刑剋。當假設父母是你的剋星，那麼你們的關係往往是和好、親密的。而且亦不會見到太多凶曜，但卻又暗中破壞了原本是正面的「事宮」。

例如：父母為了娶新抱，希望已出嫁的姐姐幫弟弟畀禮金。最後卻令到姐姐自家出了問題，而影響了姐姐自身的夫妻宮、子女宮、財帛宮等。

當然，你或會說「孝順父母」、「幫助兄弟」是應該的，哪裡可以說是「剋星」！

是的！而且真正剋星，往往亦是無心害你。但區區老朽現在所說的純粹是因果，而非倫理。

如果修飾一下用語，剋星同時亦可能是一個令你犧牲很多、一個令你失控和迷失的人。而且於過程裡，往往你都是出於自願。

十一　火星、鈴星

斗數裡有所謂的「對星」，其出現規則大多是有一定的關連。例如「會合」、「夾宮」之類。至於哪種組合的威力較大，則不一而論。而「對星」的性質可以是凶，亦可以是吉。

火星和鈴星這一對星，一般簡稱為「火、鈴」，五行屬火。除特別情況外，列入為凶星類。

當火星或鈴星其一坐於命宮時，主其人聲線有特別處，例如較尖銳或沙啞等。就如當年晉人豫讓「吞炭」後，令到聲線嘶啞一樣。是故火、鈴有助於定出正確的命盤（定盤似易，實難）。縱然只是小技巧，卻可帶出「豫讓漆身吞炭」的事跡。

亦有前輩指出火星、鈴星之所以如此稱謂，亦實在與此事有關。當年豫讓先後侍奉過范氏和中行氏，但都只是混得一般而已。其後得遇智伯的禮待和重視，亦總算是得遇知音了。可惜智伯終被趙襄子和韓、魏兩家合謀殺掉。

豫讓初次試圖刺殺趙襄子失敗被捕，本該受死。幸趙襄子亦是個「人物」。見豫襄大義，也就放過了豫讓。但豫讓始終存有「士為知己者死」之心，故就計劃了第二次行動。

因怕被趙襄子一方認出，故就以「漆」塗身（令身體腫爛）和吞炭毀聲，雖然最終行刺亦是失敗了。

現在先除開了甚麼「知遇之恩」、「湧泉相報」一類的話兒，對應上篇提及的「剋星」和「逆菩薩」，今次的就是「貴人」和「大恩」了。

如果豫讓不是遇上了智伯這位「貴人」，並得其「大恩」。而是繼續待奉范氏或中行氏，或可過著相較安穩的生活。區區不是不推崇智伯和豫讓。只是從未見過有關豫讓於其他才能上的描述，亦未見有論及智伯相中豫讓的原因。

或許一開始時智伯就是希望於有需要時，利用豫讓做復仇死士。而豫讓亦只是個夠義氣的匹夫而已，根本沒有其他特別技能。或許這亦是豫讓不受范氏和中行氏特別禮待的原故吧！

再說說一個「將軍吮膿」的故事，事情就當更加清楚：當年名將吳起帶軍，一小兵於背部起了個膿瘡。吳起就親自為士兵吮膿。士兵母親得知後，就大哭起來。旁人問及原委，士兵的母親就道：我夫君亦曾是吳起手下人。當年同樣患上背瘡，將軍亦為其吮膿。我夫君感恩，就拼死在沙場。如今兒子為了感激將軍，最終亦會死於沙場。

所以當老闆特別器重於你時，你要先問自己可有值得被重用、禮遇的本錢。因為你可能只是一隻作為保險用的棋子，甚至是隨時可被取代掉的棄卒。

十二 文昌、文曲

與大仔閒聊，說到女士不需十分漂亮，亦可迷倒不少男士。

大仔亦是聰明人，隨口就說：此不外乎嗲和姣！

區區：其中還有騷。

大仔不解：嗲……與騷、姣不同，可以理解。但騷、姣該分別不大？兩者都係講鹹濕嘢。

區區：騷者，一般是指風騷。

大仔：對呀。

區區：風者國風，騷者離騷。喻好文采、高才情（當然還有其他），乃係正當人家之事。

大仔：呢樣係知。但慢慢其含意已有改變，此乃眾人皆知之事。

區區：但亦非完全負面。例如看見朋友一路行，一行唱歌。你會問，做乜咁風騷？

區區補充：當然亦有專指女性賣弄風姿、情挑誘人之意。

大仔：是呀！

區區：姣，就如斗數裡的天姚、咸池一類桃花星，多指不良事（縱非一定）。而風騷就如文昌、文曲。縱然變奏為桃花星，其色情成分始終相較天姚和咸池為少。

區區：文昌、文曲本主文采，就如風騷一樣。唯於女命時，就或會變為受人歧視的騷首弄姿。

區區補充：舊人漸把風騷一詞，由形容好文采變為專指女性賣弄風情的原因，就正如昌、曲的文采於女命，有可能轉為桃花一樣，古人覺得女性表露自己才華，都只是想「不安分」去吸引異性！

所以區區並不覺得女性風騷就係等同姣。只係舊社會唔畀機會女性去表現，而強把風騷變為專指女性的不安分。當然，區區不是專家，純粹是聯想到昌、曲而得來的猜測。

其實可以簡單啲再講「風騷」。所謂「女子無才便是德」，其意思並不是說女子沒有才華，就是好；而是說女子必須有才，但亦不可表露於他人前。

舊社會只要女子表露自己才華於人前，就容易被人覺得係騷首弄姿。亦可能如此，原本是說高才、好文采的「風騷」，就變為了專指女性向男人獻媚的貶義詞了。雖然「風騷」詞意已隨時間改變，但亦不應完全抹煞原意。不應一聽到「風騷」二字，就只想到「現代解釋」。

不公平的是：文昌、文曲入男命，一般對女性的吸引力可以加分。古人會說因為「儒雅」。但入女命時，古人就會批評此命是懂得、會向外人賣弄而吸引男性。深層意識可想而知。

現今社會已不同，絕不該抱舊。更不可亂拋書包、引經據典，說乜乜書、乜乜人亦是如斯說道。有趣的是現代科學有說：男孩智商全遺傳自母親。那又是否說明於男性的原始本能裡，早就有著找個聰明女性去繁衍下一代的潛意識呢？

因為如此，所以昌、曲入命的女性，確是先天擁有吸引異性心動的能力？但命宮見昌、曲的機會，其實並非太少。如果單憑此而定論昌、曲一定能夠吸引異性，就實在說不通。

那該如何？

當然還得看命宮主星！一般而言，天同和太陰受影響較大。

十三
君子三樂

子曰：君子有三戒。少年時，血氣未定，戒之在色；及其壯，血氣方剛，戒之在鬥；及其老也，血氣既衰，戒之在得。

紫微斗數裡其實除了內含道家思想外，亦充滿了儒家智慧。

當五、六十歲時有太多輔助星會合，很多時是指患上了纏繞性疫病。皆因機會多，就自然多忙碌。恐血氣已衰之軀未能應付也。不過現代人較長壽，而且多較注意健康。所以舊時代的批算結果和驗證，或是已經有錯。

有君子三戒，亦有君子三樂。

孟子曰：君子有三樂，而王天下不與存焉。父母俱存，兄弟無故，一樂也；仰不愧于天，俯不怍于人，二樂也；得天下英才而教育之，三樂也。

一，父母健在，兄弟沒有災病。二，行事為人對得起天地，對得起人。三，教授才德兼備的人。第三項與父母兄弟身體和自身人格並論，可知找到優秀的人去教育、傳承，並不是件容易的事。

於玄學層面作喻：教授予有才冇德者，對方習得小技，就魚色魚財；教授予有德冇才者，對方始終一場空。做老師的，浪費了人家光陰。誤人之極！不過現世人重名與利，每多為財、為名而教。

那麼如何於自己的命盤上確定老師的好壞呢？當然是從父母宮看了。

大約而言，見擎羊、陀羅的壞處較火星、鈴星為大。火、鈴只屬關係動盪、分離，於現今社會已經十分普遍。你自己亦不敢保證一生只隨一師吧！

而羊、陀之弊卻在於衝擊、糾紛、糾纏。差別之大，實在不用多言。當然，還得看主星、輔助星和四化（祿、權、科、忌）。其中固是以「化忌」為劣。

但縱然是化祿、權或科，亦未必一定是佳。如主星不吉，每多缺陷。化祿者，因祿而合，為祿而分。化權者，師嚴太過或守舊或一言堂。化者科，文過飾非、虛有其表。

十四 自以為是

區區帶劣徒到世叔伯處見世面。

世叔伯東拉西扯的說：如無「馬一角」……

區區脫口接：難有「夏半邊」。

席後劣徒不解，問：「馬一角」對「夏半邊」，字面係工整。但冇解，又未見有「即景」……

區區解：馬者，畫家馬遠。以景物集於一角為風格，故稱「馬一角」。後有畫家夏圭，亦愛把景物集於一角，故稱「夏半邊」。剛好對上了。

所以有時你覺得「無意思」嘅嘢，其實只是閣下未夠班（能力）去理解。

就如斗數裡人人會講「逢府看相」。當你識排星嘅時候，你或會錯誤認為天府與天相必會。故天府遇吉時，天相同樣遇吉的機會就自然大。所以「逢府看相」乃係多餘之說。

但其實骨子裡正如上面所說：是自己未夠能力去理解而已。

因為除了見祿外，其中亦要注意化科。至於天相是被「刑忌夾」或是「財蔭夾」，就當然更是重要。

如果再深入一層，就要看看必永不會「會合」天府和天相的天梁星究竟是如何了！

十五 小結

與世侄閒聊，世侄自感命不如人。

世侄：自問（搵食專長）唔會差過其他同事，但事業總未有起色。希望世伯指點下！

只君盤都未睇，就講：用嚟搵食嗰手嘢（專長），「得」係應該。「唔得」先係唔正常！世侄你可以自持夠功夫，但夠功夫只係必須嘅基礎。

世侄：係唔係我近年都冇運行？

只君沒有直接回答，曰：以世伯我嚟比喻，我批得啱係應該。但批得叻過我嘅大有人在，點解啲客會回頭搵我？點解啲客會介紹朋友畀我？

所以區區喺斗數方面，從不怕教精人。因為就算你學到斗數好叻，亦不代表你有能力做到客。

當然，也不是說，區區事必要教精你。

區區教徒習斗數時十分隨便，都係叫佢哋自己睇書。遇到唔明白處，才提出來問未遲。

但教「對客」、「應對」就會好長氣，因為此乃書本以外的知識。

可惜愛徒太似區區——懶惰！實在是臭味相投、物以類聚。

至於前文所說的「分別心」就更是影響判斷的大障礙。區區老朽縱然是幾十年人，亦自知敗於此。只好是嘆句奈何！

行文至此，本書的斗數篇，該是時候結束了。如日後有機會能出版一本有關斗數的專書，還望能多多支持。

第二篇

忌話

一　賴姓

香島人熱愛體育和動物，故嗜好馬匹競賽者眾多。

或許不說不知：舊日每於競馬日，均甚少見到尼姑於街上行走。因競馬愛好者怕「觸霉頭」，且多共姓「賴」。如果於競馬日當天遇上，就多會吐口唾液於地上。有自持者更會敲大師頭殼三下，以作化解云云。

而此忌最初只是針對尼姑，這可能是與所謂的「陰人」文化有關。就如農村社會祭祀時，寡婦不可接觸相關用品，而鰥夫、寡佬則不忌的道理一樣。

但正如上面所說，競馬愛好者均共姓賴，所以後來連和尚都被列入了黑名單。

有趣的是：香島迷信的競馬愛好者，卻甚少有拜「馬王爺」。反而真正的馬廄中人就較多了。有關馬王爺一事，可閱本書「神話」篇。

或說：咁對出家人十分不方便。

但有趣的是：真正出家人根本不會無時無刻離開寺廟。更不會像乞丐一般，隨處向人化緣（討錢）。

或說：東南亞地區，例如泰國，都曾見過街上的僧人，收取善信給予的金錢。

先不說「大乘佛教」與「小乘佛教」是否有不同，否則越講越遠。

要說的是：泰國善信奉獻金錢給街上的僧人時，一般不會把金錢直接交予僧人。而是把金錢交予僧人身旁的「淨人」。

所以閣下見到和尚於街上手持缽子求財時，就應該心中有數了。

而說到專門針對女性的禁忌，就想起五、六十年代的街頭瑣事：

善信問：近排我老公頭頭踫著黑，唔知乜嘢事？

神怪師傅曰：呢啲好小事啫！應該都係撞到啲污穢嘢、四眼人之類。

咁，甚麼是「四眼人」呢？

原來乃指孕婦也。

而孕婦於某些人、某些年代來說，亦確曾被標籤為「邪門」。

二　諱言

因為有忌諱要避，所以就有了「避諱」一詞。

即於說話或文字裡遇上帝王或家族中長輩的名字，就要避開不用。

避諱的手法，一般有三種：

改字——例如因要避諱劉邦的「邦」字，故《論語》裡「何必去父母之邦」就被改成了「何必去父母之國」。

空字——即用「某」這個字代替原字，甚至是「開天窗」。

缺筆——即原字缺一、兩筆。例如避諱康熙玄燁，而把玄字缺寫最後的一點。

如果以五倫關係來分「諱」，則可分為「君諱」和「家諱」。

君諱／國諱——就是帝王之諱。除了要避當朝在位帝王外，亦有所謂的「廟諱」，即七世內已崩帝王之諱。

家諱——當然就是家中、族中長輩之諱。例如，司馬遷的《史記》因要避用父親的「談」字，而把「李談」改為「李同」。

除了家族長輩之諱外，對老師之諱亦要避，即所謂「子不言父名，徒不言師諱」也。而同輩間基於尊敬，一般亦不會連姓帶名的稱呼對方。如果必須要問到其名時，亦應說：「請問尊諱？」

所以日常見面只會說：「陳先生，早晨！」如果說「陳大文先生，早晨！」一般已被視為不禮貌。而不但凡人要避諱，神仙亦要。雖然歷代帝王都有求神、祭天，但去到名字之諱時，卻是神仙也得讓路。

於《淮南子》裡的「姮娥」因為要避諱宋真宗趙恒，故只好改稱「嫦娥」；四聖真君中的「玄武將軍」因要避宋真宗之諱，而被改稱「真武」。

若問閣下「端月」是哪月，該不會回答是「端午節的那一個月」吧？

其實端月，即一月。

當年因秦始皇嬴政避諱「政」與「正」同音，故把代表一月的「正月」改為「端月」。

三

大哥

所謂：十里不同風，百里不同俗。避忌很多時候涉及當地文化和諧音（處處地方的諧音，未必盡同）。故縱然是甲埠所喜，亦可能是乙鄉所忌。

以香港為例，愛稱對方為「大哥」，但山東人卻是十分忌諱，因為「武大郎」是大哥，受人尊敬的是武松，即「二哥」。故於老一輩來說，稱對方為「二哥」於當地才是尊敬。

至於近年被濫用的「老板」一詞，就切勿用於靠水食飯的船家身上。因為老板諧音「撈板」，而只有當船翻掉了，才要把板（船板）撈回來。

又如探病送蘋果，可說是平安。但上海詞，就是諧音「病故」。

那麼送花就該可以吧？但鮮花易萎呀！

送手帕（巾）可以吧？常言道「手帕交」，該沒有問題了！那就得看地區了！有地域俗語曰：送巾，斷送。而且以往喪禮主家有把手巾（帕）送給弔喪者的喪殯禮俗。情況就現代「吉儀」放有紙巾一樣。故還是不送也罷！

「傘」與「散」同音，故一般不會送雨傘予人。而借傘予人一用是出於需要性，所以可酌情通融。

四 公司文化

除於端午節時，多恩容送予區區粽子外，日常亦時會收到不少甜點、糕品。皆因深知區區貪嘴也！區區當然是樂於接受，始終不吃白不吃也！

但亦要說說其中忌諱：粽子和甜點是喪家所預備、製造的食品。以此物贈人，易被誤會暗有所指。不過區區百無禁忌，亦知恩客不會別有用心。故定必照單全收，未有拒人於千里之外。

當然，習俗和慣例，會隨著時間和地域而轉移。

例如香港人有所謂的「無情雞」，即老闆於年晚飯時把雞頭向著哪位伙計，就是要解僱那位。後來引申到雞頭向客人，是主人家失禮之舉。

但亦有說雞頭代表好運，故雞頭應向席中長者，以示尊敬。不過亦有地區是以雞尾敬長者，以示尊敬的傳統（註九）。

所以入境問禁，是錯不了之事。下次閣下轉工時，就更要緊記：公司文化！

註九：那麼拜神時，雞頭又應該何向？應向「神位」也！

五 雞

同一舉止由不同角色進行，亦有一定避忌處。

源自《尚書》的——牝雞無晨。牝雞之晨，惟家之索。此一句當然多人認識。

但日常你又是否做了「牝雞」而不自知？幾個老闆傾嘢，你有冇多口插嘴？老闆問你工作範圍和權力以外之事，你總不會「自以為是」地認真去答吧？

你又知否如何去破解此忌（牝雞司晨）呢？簡單！就是把這多事、多嘴的母雞殺了，並掛起雞頭示眾。始終俗語有云：公雞不啼母雞啼，主人不死待何時。所以也著實怪不得他人！

說到雞，亦有成語「聞雞起舞」。

大約是說當年祖逖和劉琨，於半夜聞到雞啼就起床舞劍。

但此雞應為野雞，因家中飼養的則為不祥。

有詩「不嫌惊破沙窗夢，却怕為妖半夜啼。」就是此指。半夜啼聲，擾人清夢。此其一罪。

其二，尚未天明已經啼起來，根本是屬於不正常之舉。

點破解？都係要殺！

所以身為「社畜」嘅你，唔好以為外間人士講得嘅嘢，你都可以講得。否則老闆又要操刀破法了。

那麼公雞於天亮時才啼，可以吧！

未必！還得看方向。

所謂「公雞西鳴，家有不寧。」故向西啼之雞亦要殺！所以站錯邊、睇錯方向，總沒有好結果呢！

不過世事的對與錯，亦總未有一定。

就以「烏鴉」來喻：現今一般人都厭惡烏鴉，單是聽到叫聲就已覺不祥云云。但滿族卻視此為神鳥，不許射殺。而在唐朝或之前，更有「烏鴉報喜」之說。事實上，烏鴉亦稱「孝鳥」。

《說文解字．烏部》：烏，孝鳥也。

《小爾雅．廣鳥》：純黑而反哺者謂之慈烏。

《古今注》：烏，一名孝烏，一名玄烏。

世事時變！原本該是受人喜愛的，卻變討厭。那麼你可有替烏鴉不值呢？

但回心想想：得你喜愛時，是關心；到被你厭時，就是煩人。

你又可有替對方不值呢？

六 床

有說忌床尾向大門。因為舊社會擺靈柩時，是腳向門外的。

但此只可說是大部分漢人的「風俗」，因為中國有些民族是「死去的人，頭部朝門」。

所以下次被老婆鬧，叫你放好對「死人腳」時，就要問清楚老婆，佢想你點放。

當然，陽宅風水佈局來說，一般均忌門沖床頭。

說到「床禁」，就可一提「花椒熏房」之事。古人之所以用花椒熏房，其中一個原因是用於除垢去瘟。但絕不可於持著花椒時，站於床邊與人交談，否則瘟垢不去也。

為何如此？或許只是單純的叫人「專心工作」罷了！

男女於床上交合亦有禁忌：

《農政全書》：先雷三日，奮木鐸以令兆日：雷將發聲，有不戒其容止者，生子不避，必有凶災。

《齊民要術》：春分中，雷乃發聲，先後各五日，寢別內外。

《齊民要術》：冬至日先後各五日，寢別內外。

坊間淫棍每多連如斯皮毛亦不懂，就吹噓所謂的「雙修法」。實在可笑！但亦要先說明一點：區區不懂此術。至於區區個人是否相信，就不好說了。

既然說到床，那就得說說床頭方向了：坊間有以「頭向東，腳向西」為忌。其理據是腳向西，有步向西（天）之意。而且頭向東、腳向西的時候，正正就如太陽由東邊升起，再落到西邊一樣。故犯了「諱」，是對上天的不敬。

當然，亦可說「頭向東，腳向西」是對。因為位置跟太陽升降一樣，故乎合天道。

有東、西，當然就有南、北。

亦有說床頭該向北。理據是北方屬水，較涼。南方屬火，較暖。頭向北可令腦部處於較低的溫度，有利腦筋。腳向南可令身體較為暖和，容易入睡。

而正正因為北方屬水，所以亦有一批是床頭向南的追隨者。其理據是北方屬水故陰，故容易令人胡思亂想，難以入睡。

不過上述都只可視為地方慣例、習俗，甚至是牽強附會。

如果以五行學說來定，就得涉及所謂的個人「喜、忌」，而並不是某個方向的必定對錯。

再如果以正統風水角度來說，除了涉及一堆數理外，亦要兼顧外圍巒頭和屋內佈局。

七
飲食

日常禮儀上的禁忌可說五花八門，或可粗略說說。

「移筷」不可。所謂移筷者，即剛吃了一口餸後，就夾另一口餸，中間沒有吃米飯。呢樣區區經常犯，因為區區晚餐戒米飯。但不代表沒有錯。

放於日常工作：有空檔時抽根煙就算，唔好連抽兩根。否則犯了老闆之忌。

而說到筷子，一般是右手持筷。有左撇子認為自己習慣用左手，那就應用左手持筷，沒有不妥當之處。除開會與鄰人撞手外，其實亦是失禮之舉。更有華人用左手持餐刀，並自言未有錯。因自己是左撇子云云。

《禮記．內則》：子能食食，教以右手。

看看此句就知對錯，根本不需爭論。

勿用鴛鴦筷，就個個都知。但要小心木筷子用得耐，會出現長短不同。如客人小心眼，以為你咒佢三長兩短，那就無謂。

有人習慣把筷子搭到碗上，那當然有錯。因為只有叫鬼吃飯，才會把筷子搭於碗上。

用膳時，縱然碟子空了，亦不該收起。千萬不可見到食肆如此這般，就誤以為是對。而部分食肆甚至不懂分「壽包」和「壽桃」之別，故對食肆知禮，勿抱期望。只是香島這所謂的服務之都，早就習非為是。

席間，主人縱然飽了，亦不可先離座。否則被視為趕客。未用完膳就抹枱、掃地，諗下都知係趕客走。錯極！

廣東人忌上七個餸，一般都知。但部分地區則忌三個、八個。如果唔清楚對方原籍，而對方又係舊思想，就隨時得罪咗都唔知。

所以舊時請客唔係咁簡單，主人家要做足功夫。事前必須清楚客人喜好、背景、歷史、居處、籍貫等，否則被人笑話。

打個比喻：客人放牛出身，現在做了大官。席上你卻味味都係牛，客人心底點諗？

至於舊例：媳婦、女兒不可於宴客時與賓客同桌，現今當然已免了！

過年前喺街每多會見到社會團體、服務社區的人士派「財神」。縱然你不想取，亦不要說「唔要」、「唔使」，應該答「有喇」。

八
婚喪喜慶

逢雙春（兩個立春）必閏月。而因意頭好，所謂「雙春雙喜」也！故是年定多結婚擺酒之事。當然，神州地大，民族、民俗皆多，故有部分地方是不以為「吉」的。其說法是「雙春喜沖喜」之故，忌辦婚嫁之事。

雖然婚姻是好事，但其中亦有避忌：今人都避忌於直系長輩去世之年進行婚嫁，舊社會更是三年起碼云云（註十）。

或說：此事眾人皆知，根本不值一提！但其實舊社會也不是如此死頭腦！雖然會被道學先生（道學先生與道學、道教無關，實泛指迂腐儒生。）指責，甚至是觸犯王法。

但其實民間亦常有所謂的「借吉」之舉，即於喪期舉辦婚嫁。

或說「不孝」，但亦有「無後為大」（註十一）之說。唔結婚，點開枝散葉？甚至可以說：有些婚事是於父母垂危時急急決定，以期圓了父母心事。

所以就有說：乘凶（父母去世）不忌！

事情說穿了，雖有對錯之分，只有主事者的意願。

註十：喪事亦有依親疏關係，而分「大白」、「中白」和「小白」。
註十一：「無後為大」的原意是沒有做好後輩（子女）的本分。

九
交際

區區不是國學、文化、傳統、禮儀的專家。但區區嗰個時代嘅人，一般較現時幼承庭訓。所以或可分享一些為人處事經驗，免啲後生失禮。

年前一電影，其中一幕龍哥教啲手下，大約意思係「應該畀客人先下筷」。大家千萬唔好見戲就學。主人口說由客人先用，乃出於客氣。除特別習俗或階級原因外，一般是主人先動筷。所謂「主不動，客不食也。」再者客人未必知道，哪個餸只是要嚟睇，而並非要嚟吃。

男人見到朋友家眷，而要去稱讚嘅時候，應說「賢淑」、「大方」、「斯文」一類嘅詞語。男人讚別人家眷「靚」，屬於大忌。

到朋友處拜候時，見到啲書、畫、裝飾、杯具靚嘅時候，讚一、兩句就要停。讚得太多，朋友就可能以為你想要，而送畀你。此風俗流行於舊時東南亞華人圈子裡，尤以泰國頗為盛行。

而於朋友處茗茶、飲酒時，縱然自己十分清楚此茶、此酒，亦不可盡說詳細。要留點餘地給主人家去介紹，自己不要賣弄。偶然更要抬舉一下，咁就主人有面。實在是大家開心。

當然，主人家可能未必知你懂禮數，而誤當了你無知。但此並不重要，重要是你要懂禮數。

同樣地，縱然是好茶、好酒，亦不能讚不絕口。否則主人家都唔知送唔送畀過你好！

或說：主人家送畀我，我可以唔收。有何問題？

當然有問題！主人宴客時把禮送出，而客人拒收、轉送，均屬犯忌。有嫌棄的意思（註十二）。

所以要有好宴，就先要有大方的主人家和得體的客人了。

當年先父帶區區參與聚會，主人家於魚池選了尾貴價魚。賓客說有八、九斤，實在夠吃有餘。

區區少不更事，自言自語說只有五、六斤。結果當然是區區慧眼，更自以為是，向先父自誇。

哪知被先父笑「傻仔」。原來不是區區好眼力，而係賓客懂大體。說是有八、九斤既可表示此尾已經夠食，亦暗讚主人家豪爽。

註十二：題外話，東南亞的人，最怕是僧人拒絕接受其佈施。

十 雜忌

日常禮儀上的禁忌可說五花八門，或可粗略說說。

香島曾有一陣子時興以籃子盛物，以作送禮。而籃子多為竹造。基於「個個錯，即係無人錯」之原因，所以甚少有人講。需知所謂「竹籮打水一場空」，用竹籮送禮是否合格，就自己想想吧。

亦有詩訣曰：牆上掛雙籮，凡事只得兩公婆。意思是把兩只竹籮子掛到牆上，有不利子孫的「晦氣」。最終只落得公婆二人守於家中。

生病，就得喝藥。但應稱為「喝茶」、「喝好茶」或「喝細茶」。藥渣要倒在路上，不應倒在家裡。大意是希望路人幫助把疾病踢走。那麼倒在垃圾桶，不就更好了嗎？只恐開罪了「藥神」！

亦有說倒在路上，或有機會被懂醫術的人見到。如果此劑藥有錯，就會被人得知。更望遇有得高人指正云云。但此點想法太完美，不可信。

廣府人常稱高人重出江湖為「出山」。例如：今次得到師公肯出山教拳，大家一定可以有進步。

但其實「出山」亦有「出殯」的含意，你又可知否？

第三篇

席間話

一 鴛鴦佳

師兄有女于歸。因為與主人家十分熟稔，所以也不拘泥甚麼，故被安排與幾位年青師侄同桌。

到上雞時，小輩低聲問：點解唔係一隻白切雞，或者炸雞？而係每樣半邊。

區區反問：依家係點？

小輩答：鴛鴦雞囉！

區區再反問：鴛鴦佳，有何不妥？

而「白切雞」亦即「白斬雞」。不過叫起上來，較為方便而已。例如買飯盒時叫「切雞飯」，會較「斬雞飯」來得清晰。但亦要知道「白切雞」一稱，根本未能道出此雞的製造方法。但「白斬雞」則能窺出點兒。因為「白斬雞」其實原稱「白浸雞」，有用白開水（或加有淺色調味）浸熟的意思。後因「浸」與「斬」音近，所以才由「白浸」變為「白斬」。

當上甜酸魚時，小輩更覺奇怪，問：怎麼不是蒸的？是甜酸？

區區教導：添孫（甜酸）有餘（魚）呀，世侄！

到了「單尾」除了百年好合一類外，亦有以蕃薯、芋頭等做成拔絲狀的甜點。

小輩鄉下人家，未見世面。又問：此粒狀甜點也還不錯。既然幫人教仔，就教到底好了。區區曰：此為「丁」，而非粒。例如宮保雞丁、腰果肉丁。始終小輩年青，未懂禮數，就駁嘴：都係同一東西，稱呼不同而已。區區大人有大量，當然不會計較甚麼，曰：大不同！此甜點，稱「丁」，即甜丁，諧音「添丁」。其意非「甜粒」者可比！

說到飲宴，記起閒聞一則：當年周樹人先生（魯迅）與弟周作人先生原本感情要好，後來卻轉差了。朋友問及此事原委，周樹人先生書了個「宴」字（註十三）。

但亦要注意的是，魯迅先生與日人亦有深交，而且曾留學於東瀛習醫。當年魯迅先生患上肺結核病，更是由日本友人主診。

魯迅先生當時對國人起了一定的教化，但卻觸動了外國勢力。始終中國人愚蠢，就易被操縱。所以魯迅先生離世後，當時就起過不少謠言。而主診的日籍友人，隨後亦銷聲匿跡。

註十三：周作人先生娶了一位日本姑娘為妻。

二

生安白造

昨晚與益友飲屎水（酒），豬朋手持餐牌，久久未發「板」（點菜）。

或許狗友要急於回家，好向妻房交代，就說：揀完未呀？大少爺！

狐朋笑曰：係三少啫。

鼠黨少不更事，就問：乜嘢係三少？

狐朋笑曰：老豬排第三。

區區怕鼠黨誤入歧途，只好「賜教」一下：大少、三少都係舊時廣府人對一啲難服侍人嘅統稱。

鼠黨好學：大少就知，不過三少就……點解唔係二少？

豬朋插口：所謂三少者，乃指沙三少也。

狗友向豬朋說：你揀餸先啦！

豬朋見狗友又急又嬲，就當然更開心：沙三少持著老竇做官就橫行，屬於惡霸類。與家傭銀姐有染，其後更殺害銀姐老公。

鼠黨雖然年輕，但亦屬曾經做過惡人：咪話依家的人惡，以前的人仲惡！

狐朋笑曰：老豬冇生安白造，此實事也。

講咗咁耐，當然要到區區扮勁嘅時候，曰：沙三少原名沙安伯。其時每有壞事發生，問係邊個做嘅時候。好事者就戲稱曰沙安伯做。

狐朋笑著回應：所以生安白造，實是沙安伯做。

上述事情是否區區生安白造，就請看官自己判斷好了。

不過題外話：銀姐點解咁有吸引力？照計點靚都冇啲十五、六歲嘅黃花閨女咁吸引！

事實上，可能銀姐根本未有與三少發生過關係，甚至從未愛過。整件事情都純粹是三少單方面的錯愛。但沙家要把部分責任推卸，甚至是出於「報復」心態而要拿銀姐來陪葬。

所以二人有染，或許只是生安白造。

三

夾餸

日前師兄弟相聚，三師兄帶埋佢位公子到場。向一眾介紹：呢個我乞兒仔。

二師兄說：依家冇人咁介紹㗎喇！仲邊有人叫自己個仔做乞兒仔？啲後生唔鍾意。

大師兄正色：師弟（二師兄）你有錯！

二師兄笑曰：唔係個個好似師兄你咁嚴肅（其實是傳統大男人主義），到依家都仲可以叫亞嫂做「賤內」。

大師兄仰鼻：只君，你解釋過畀佢哋聽。

區區心想：又關我事。但礙於怕被大師兄「教導」，故只好獻醜。

區區正色：雖然我讀書唔多，但總算幼承……

大師兄：釣！幼甚麼狗呀！講啦！

區區只好快說：乞兒仔非指「小乞兒」。而係指呢個小朋友乃係乞兒嘅個仔。即係三師兄謙稱自己係乞兒，而唔係話自己個仔係乞兒。

三師兄即說：係囉！我就係咁意思！

區區補充：但三師兄剛說「我乞兒仔」，亦係錯。因「乞兒」已經代表「自己」，所以只講「乞兒仔」已經足夠。

三師兄對區區說：釣！

區區說得興奮，已經收唔到口：大師兄經常叫亞嫂做「賤內」，都係同一道理。「賤內」係代表「賤人」嘅「內人」。即係大師兄謙稱自己係賤人，而唔係話大師兄嘅內人係賤人。

大師兄：釣！

其時三師兄位公子正忙於夾餸，懶理區區正如魚兒般的，被人釣得痛極。

四 騙局

與一眾師兄弟小聚，席間：

乙師兄：只君，你唔得！

區區心諗，乙師兄點會知我唔得？

丙師兄：你不但只畏內，仲要喺面書（Facebook）講。慌死冇人知！

乙師兄笑曰：呢啲屬於有辱師門。

丙師兄當然不放過機會去教導：喺以前，已經足夠構成逐出師門。

丁師兄搭口：學下大師兄啦！

大師兄正色曰：雖則寧教人打仔……但怕老婆，已經係乾坤倒置。

丁師兄：大師兄好嘢！

大師兄喺只君心目中，已屬神級。係男人偶像、女人兗星。當年大嫂唔覺意倒反了茶，大師兄就即刻拍枱。更會教化女婿，唔應該被自己個女「食住」（控制著、操縱著）。

丙師兄諗著擦下鞋，向大師兄說：令郎有冇得你真傳？

大師兄笑曰：勁過我！

一眾說：點勁法？

大師兄：當年我全力外出搵食，屋企嘢就交畀老婆做。返到屋企，就有乜食乜。唔會太出聲。

大師兄飲杯茶，清清喉嚨再說：乞兒仔就連屋企都管埋，完全唔畀女人有任何話事權。食乜餸、點煮，家嫂完全無得異議。連啲碗筷都嚴格規定。

乙師兄說要開支啤酒，賀賀佢。

丙、丁師兄為了繼續話題，異口同聲：有冇咁勁！世侄呃你先咁講啫？

大師兄嚴肅道：知你哋唔信㗎喇！係我親眼見到乞兒仔自己去買餸、煮飯，連洗碗。咁都仲有假？

區區拜服大師兄教子有方，但又好像哪裡出了問題……

後話：很多時候究竟是被蒙蔽了？或是甘心被騙？可能連你自己也不知道……

五 飽食素餐

與好友晚膳後回府，被老虎乸拷問行程。

區區回答：食齋。

老虎乸：咁好心情食素？唔飲啤酒呀？啲餐貴唔貴？

區區說：冇叫餐（套餐）。

老虎乸：素菜散叫好貴，叫素餐抵啲。

區區說：素餐？

老虎乸：有乜問題？

區區口說冇問題，但心諗：素餐者，即白喝白吃也。真乃鄉間村婦，未能理喻。

老虎乸平靜地說：夫君有所不悅乎？

區區固是一邊否認，一邊斟茶。

雖然詩經有「彼君子兮，不素餐兮。」和「尸位素餐」之句。但如老虎乸輩之山婦，不懂此事亦是正常。結論：唔好激親老婆此一常識，實亦較任何常識重要。

另有一舊趣，可共享之：區區後生時有「飽食素餐，高飛遠逸。」之句。

此句看似文雅，但實在是指：登徒浪子得手後，不負責任玩失蹤。

第四篇

夢話

一　直葉、反極

香島近年以玄學謀生者甚多，但專職解夢者卻未有多見。或說專門解夢的典籍太少，而令後繼者沒有學習的依據。此當然是其一。

但手法太多亦是其二。

一般方法大約可歸納出九類：直葉、反極、氣盛、氣虛、邪寓、厲妖、體滯、情溢和比象。其中以直葉和反極，就較多人認識和使用。始終其他七類相較有局限和條件性，故就漸漸沒落了。

那麼何謂直葉？

葉者，合也。夢與事合。即直接把夢境和現實相合上，故又稱直夢（直接把夢境放於現實）。例如夢見鴻鵠，則於現實裡有好運將至云云。

反極，顧名思義就是與夢境相反。即夢到壞事，實為好事。例如：夢中見屎尿，主得財；見官而受刑罰，大吉；夫妻恩愛，反主分離。

而因為直葉和反極簡單易明，故一般會較多使用。

但問題來了，那麼究竟是用直葉或反極呢？或是哪種情況下用直葉，哪種情況下用反極？

區區孤陋寡聞，從未有人敢一槌定音說出「答案」！更不要說所謂的「答案」是否真確。事實上，解夢亦不一定是如此這般的簡單。其中亦有高手會同時用到星宿、易卦、拆字等的技巧。但始終是曲高和寡，故未見普遍使用而已。

二 嘻笑怒罵

反極看似容易，但事實亦非。

雖說：夢見腐爛臭屍，可判為仕途順利、可得官位；夢見糞土，則可得財；夢見厭惡之物而演繹為得到美好之情、事。

看似就是這麼簡單、易明，但如果深究起來：為何不是夢見腐肉得財？夢見糞土得官？皆因官場本就是腐臭不堪。故夢到腐肉臭屍主仕途順利，能得官位。此謂之「臭味相投」也！而錢財本是糞土，兩者同是一物。也就不用多說了。

上述兩個例子或有嘻笑怒罵之意，但亦有一定世情為理據。

又如夢見在自家祖墳裡手執火炬，主大吉。

一般推論會覺得縱未極凶，亦非好事。因為最低限度亦犯了打擾自家先人之忌，那又何能說吉？

皆因火炬有光，而地點為先人所居之處。

故能「光照先人」也，當然是吉！

三 隨事而解

解夢要乎合實際環境，方能解得到肉（重點）。否則就會不著天際，令來人覺得模稜兩可。

例如夢見自己在玩「捉迷藏」（負責捉人的一位）。那究竟是何解呢？

如果是古代書生，就可斷言中得「榜眼」了。眼被巾布所蒙，即「綁眼」也。那還不就是榜眼嗎？

但如果是發生於現代，就較難解了。當然，於有足夠資料時，事情就相較容易。

一例：甲、乙公司合併，甲公司高層怕被人取代位置，故晚晚失眠、夜夜難睡。

後夢見自己眼睛長了毛，繼而驚醒。高層忐忑難安，故求教於先生。

先生早已知道高層的近況，故能依眼前事來判斷。

先生曰：閣下大可安心！眼睛長毛，就是不能剃了。先生熟識公司運作，故絕不會被替（剃）代。否則目盲（公司），難以運作。

二例：甲公司收購乙公司時出現阻滯，甲公司老闆開始心大心細。如果現在停止收購，就會於早前的行動中出現頗大虧損。如果繼續收購，又怕勞而無功、越輸越多。

後得一夢：自己斷了一臂，痛得握拳。

老闆心想：看來要壯士斷臂了！但老闆始終心有不忿，故向先生求解。

而其時收購行動已經被炒得火熱，先生當然亦知道此一事。

先生曰：單手握拳，獨權（拳）也。既然可獨攬大權，那當然可以成事了。

四 蛇

解夢難成為玄學主流，其中一個原因或是存著的矛盾處太多。最簡單就是孕婦夢見蛇，究竟是預兆生男或生女一事。

《小雅．斯干》有說：大人占之：維熊維羆，男子之祥；維虺維蛇，女子之祥。

此段的其中一解（他處另有見解，不贅。）就是說夢見蛇為弄瓦之兆。但亦有說夢到龍、蛇皆指得男。古代不少帝王均有託辭說其母當年發夢遇龍，甚至是交合。不論是否真有其夢，但就可以推敲出夢中見龍主得子一事。

或說，龍與蛇，豈可相提並論。

但要知道龍此一物本是源自蛇的圖騰。因此部分東南亞地區的「十二生肖」裡，是只有「大蛇」而沒有龍（註十四）。

而且《周易》裡亦有把龍、蛇歸納在一起之句——「龍蛇之蟄」。

故把夢見蛇而得男，亦是說得通。

至於龍、蛇之別，乃在於：龍為聖人、天子，蛇為君子。

而對於夢見蛇是主得男或得女，亦有第三種說法：白蛇得子，黑蛇得女。如果理智分析：弄璋或弄瓦的機率幾是一半一半，卻已有三個不同的版本。那叫人如何信服？

註十四：有說十二生肖的龍，原形為「虫」。事實兩者亦確有相近之處，同樣是充滿神秘（虫乃巫蠱之物），亦是條狀。並且都有著複合、變化的外型。

五 作用

或問：既然說到如此模稜兩可，那為何古時曾經流行解夢？甚至有專識解夢的官吏？

愚見是：或許帝王本身並不相信夢境，但夢境卻是最好的「讖緯」。因為燒龜殼也好、數蓍草也罷，你也總得有個根據吧！但夢境就可以任憑你說，沒有人能夠知道真偽。故對有心人來說，是極佳的工具和手段。

而且當可以不怕臉紅、大言不慚地自稱「真龍」時，想必已經有一定的實力和勢力。所以縱有他人懷疑亦不敢多言，更何況你根本找不出憑證去反駁。

道理就如現代老闆講嘅嘢，雖然未必係事實。但當你打緊佢工嘅時候，就必須選擇相信！

至於平民百姓「發夢」，或許就是令自己可以繼續活下去的安慰劑吧！

舊社會裡的平民百姓，一般難有出頭的日子。遇到天災人禍時，賣兒賣女，亦不少見。為了繼續活下去，就總得給自己一個希望。

常說的英雄末路遇貴人、落難書生中狀元，亦是同一個道理。因此「畫餅」也許亦是一種原動力。而且老闆肯畫個餅給你，也總好過連畫餅的門面功夫也不給你做一點。

言歸正傳，亦有說當夢見心儀，甚至是單戀的某君時，是因為某君亦經常記掛著你。其所謂「理據」就是甚麼量子糾纏一類的原因。

於當事人來說，真相如何並不重要。因為「安慰劑」壓根兒就是如此這般的東西……

這種「安慰劑」究竟可怕嗎？不知道！

或許要把事情推前一點，你有一位值得於夢裡牽掛的對象嗎？

第五篇

書話

一 樂只君

《詩經》：樂只君子，民之父母。

民之所好好之，民之所惡惡之，此之所謂民之父母也。就是說：好、惡與人民一樣，國君才可稱為人民的父母。把事情引申下去：兩父子一齊打電子遊戲，乃合乎古訓。做母親的就勿心存不滿好了，否則就不是合格的母親。

而六、七十歲的老頭，跟孫子一樣喜愛年青少艾。當然純粹亦是出於「民之所好，好之」。做個好男人，也真的為難呢！

不過又有曰：君子中庸，小人反中庸。君子之中庸也，君子而時中。小人反中庸也，小人而無忌憚也。中庸是指不偏不依，而非取中間位。大約意思是君子因為乎合中道，故行事不偏不倚。小人行事不顧後果和道理，故與中庸相違。

如果把《四書》裡的這兩句話斷章取義擺在一起，就會發現矛盾處。

當人民喜好「反中庸」，那該如何？於上述兩事來看，你可有得著？

當然，其實區區只是「斷章取義」而已。

區區是想說：當你有地位時，就甚麼也是對的。縱然有錯，亦會有人主動承擔。例如說自己斷章取義，誤會了閣下的意思。

二　射

六藝者：禮、樂、射、御、書、數。

另的不說，但同樣是「武行」，為何選「射箭」，而不是「劍術」？

原來有云：射有似乎君子，失諸正鵠，反求諸其身。

意思是：射失時應該檢討自己，而非把責任推到其他處。而這亦是君子必須有的風範。

亦有曰：「君子無所爭，必也射乎。」

即你有你射的，我有我射的。旨在顯示自己技術，而非一定要勝過別人。故「射」的含意不單是指箭藝，更是一種處世的道理和態度。

事實上，所謂的「射」是指「射禮」。

電影《武狀元》裡的主角於比賽箭藝時不但射中「牛眼」，兼且穿靶而過。片裡的裁判官可能基於奉承或其他，而判主角輸了此局，其理據是靶中無箭。而在場人士對判斷不滿，繼而有點兒起哄。不過都係得個「嘈」字而已，未能左右判決。始終官有官判，你冇得反駁。

不過裁判官又真係該被人鬧！因為判決官自己根本無錯，只是裁判官心中有鬼而已。

子曰：射不主皮，為力不同科，古之道也。

意思是射箭以中靶為目標，而不是比氣力。故並不存在「穿靶而過」者勝，此一離題技量。

甚至可以說，原文是「不主張」穿靶的。因為射禮是以德養和品行為最優先考慮的重點。

或許會說：射穿靶表示力氣大，乎合選舉武狀元條件。哪裡有錯？

當然有錯！因為比力氣會另有項目，不應該於比箭藝時自誇。雖然是選舉武狀元，但亦要行為「君子」、「依禮」。否則就流於粗野和過度崇尚力氣了。

就如老闆要你放老鼠籠，你卻追求「表現」自己，不但依叮囑放了老鼠籠，更放了老鼠藥。這時候捕鼠效果，已經不是老闆最關注的事了。

現在老闆最要做的是如何「處理」閣下，而非老鼠了。

三 愚人多自用

子曰：愚而好自用（行事主觀），賤而好自專（獨斷專行）。

當然，不是行事主觀就一定「愚」，獨斷專行就一定「賤」。

因為你、我亦是如斯呢！或說自己雖然有少少係咁，但未算嚴重。

但又可有想過「未算嚴重」，只是因為自己未有能力。而不是自己真的「不主觀」和「不獨斷」。

又或許你已經主觀地覺得自己不主觀、不獨斷。就如賤內和小女從不覺自己跋扈、驕橫。

不過「愚而好自用，賤而好自專」並不是大問題，只要你有幹此事的能力和背景。

很多政壇要人，何嘗不是如此這般！差別只在於是當時得令或是大勢已去。

溫馨提示：看完此文後，勿偷望上司或老闆。否則笑了出來，後果自負。因為你老闆應該還未被「去勢」呢！

四 知易行難

子遊曰：事君數，斯辱矣。朋友數，斯疏矣。

這處的「數」，當然不是廣府話中「數人錯處」的「數」。此處的意思是次數頻繁也。不過把廣府話的「數」套落此處，亦另有韻味！

此句意思是：侍奉君王進行勸諫時，不可過於頻密和繁擾。如果不識趣者，最終只會是自己受辱。對朋友的勸告，亦要適可而止。否則朋友覺你煩人，也就會與你疏遠。

同樣道理：於工作間切莫自持得寵和能力，而經常向上層表達建議。否則日子久了，只會自取其辱；於家中亦唔好長氣，否則子女只會與你疏離；於朋友方面勸說過三便可，算是盡了朋友之義。

不過此情況不適用於妻子對丈夫。做老公嘅千萬不可說老婆「煩人」。老婆係為你好、係愛你、係關心你……（下刪五百字）。

不過正如標題：知易行難。老鬼如區區之流，亦曾因「太過」而有失於好友！

五 惡紫奪朱

子曰：惡紫之奪朱也。

如果閣下曾看過《天龍八部》，而又未有明白影響喬峰一生的兩姊妹，為何稱「亞朱」和「亞紫」。或許閣下現在應該明白了吧！

那又為何會有「惡紫奪朱」一事呢？

原來紫色官服本是小官吏所用，但後來被誤為高級朝官的品服。其後更被民間戲曲推動，故就習非為是了。那又何以有此誤會？

或許因為是紫色用於高官的「官印綬帶」吧！惡紫奪朱意思是原本低級、劣等的，取代了本該是上品者所處的位置。情況就如西方社會裡「劣幣驅逐良幣」的道理。

所以今日步步高升的你，也不要太自誇、自大。因為你可能只是「劣幣」而已。

六

貴戚之卿、異姓之卿

子夏曰：雖小道，必有可觀者焉。致遠恐泥，是以君子不為也。

就是說：縱是小技巧，亦有可取處。雖然如此，卻阻礙了遠大的發展。所以君子不應做這些事。

此段話要謹記，甚妙！

既可以一邊說職業無分貴賤，但又可以引經據典地去瞧不起人家的職業。故日後定會用得著。

孟子問夫子：矢人豈不仁於函人哉？矢人惟恐不傷人，函人惟恐傷人。巫匠亦然。

意思是：製造箭的人是否較製造盔甲的人，不仁慈呢？因為造箭者，只會擔心箭未能傷人。但造盔甲的人，卻擔心盔甲未能保護人。對於醫生和製造棺木的人來說，亦是同一道理嗎？

夫子的答案只是東拉西扯，而借題發揮一下。故於此不贅。

重點在於亞聖孟子不去談論使用者、主事者，卻在說造箭人，恐怕就是本末倒置了。究其原因或就是對職業的歧視吧（亦可能是怕失言於自己的「米飯班主」）？

所以請不要再說職業無分貴賤這種說話！

當然，就是閣下身在高位，亦要知道自己的真正位置。下文或有啟發：

齊宣王就「卿」一事，問孟子。

孟子回答：王何卿之問也。

齊宣王反問：卿有不同乎？

孟子曰：不同。有貴戚之卿（註十五），有異姓之卿。

如果把「卿」看成是公司高層，你又是哪種卿呢？縱然主子的「親生」不濟，但始終是「親生」。你不要自持能力，而「迫」主子「下決定」。因為最終下台的，必然是你！

也還記得廿多三十年前，認識一位曾於某大華人家族工作的同好，其時身居「外姓人」最高之位置。可惜只是異姓之卿，終因誤觸「逆鱗」而下了台。

註十五：貴戚之卿，即皇親國戚也。

七 好為人師

孟子曰：人之患，好在為人師。

人的毛病就是鍾意向別人指指點點。自以為是老師，但又沒有高水平。咁下次你畀啲「老師傅」教，就要識得點去回應喇！唔識？你同佢講：「好在為人師！」

但係「好」字該發音為「嗜好」的「好」，或是「好壞」的「好」？你自己再想想好了。

而「好為人師」的你，就要多參考下述兩句：

孟子：位卑而言高，罪也。

老闆問你對佢嘅計劃有乜意見，而你又真係講出佢嘅錯漏，咁就唔好怪老闆炒你。你自己職位卑下，以為真係可以評論老闆。當然有罪，抵炒之極！

子曰：不在其位，不謀其政。

即係老闆問你公事嘅時候，你得先問問自己：是否真係問你？你可有資格去回答？很多時候老闆要的只是認同，而非意見或建議。因為你根本不是在其位也。

就如女朋友問你：覺得今日件衫靚唔靚？

你係應該話「靚」，並加以解釋，而唔係畀負面意見。因為你嘅位置係男朋友，而唔係衣飾教主，也就是你根本不在其位。

八
更合時宜

孟子曰：大人者，言不必信，行不必果，惟義所在。

君子的說話可以唔算數，行事可以不貫徹，只要更為合宜就可以了。男人都是君子，所以男人的嘴是騙人的鬼。更不要妄想真的會「愛你到尾」。因為討好新歡，會更合時宜。

而且夫子亦有云：過而不改，是謂過矣。

所以當男人知道自己有過錯時，大多會主動改過。例如女朋友唔適合自己（即係自己有錯），所以另找新歡就是了。

當然，上述不過是區區笑話。如有任何後果，都是與區區無關。說到男女關係：當其中一方想「高攀」對方，而未遂時，朋友會勸說：咁做等於「緣木求魚」，最終亦是沒有結果的。

但當知緣木求魚，接下兩句是「雖不得魚，無後災。」就是說：雖最終無結果，亦不會有大災禍。所以衡量過風險後，如果沒有大患，就盡管試試吧！

老套說句：不問收穫。

而且當你真的是一心求「魚」時，根本就不會理會甚麼「木」。你的清醒行為，或許只代表你壓根兒對「魚」未夠痴心。至於「魚」是否接受你的行為，就已經不是求魚人可以控制的事情了。

共勉之。

九 說鬼話

孔子曰：父為子隱，子為父隱，直在其中矣。

意思是：父親為兒子隱藏（過錯），兒子亦同樣為父親隱藏，這就是正直了。如果把事情推到君臣關係上，那就是說：縱然君王有錯，臣子亦應為其隱藏。最多只可進諫，更不要說討伐了。

有趣的是亞聖孟子針對武王伐紂一事，向齊宣王說：賊仁者謂之賊，賊義者謂之殘。殘賊之人，謂之一夫。聞誅一夫紂矣，未聞弒君也。

意思是：紂王不仁、不義，故只屬於不得民心的獨夫。所以武王伐紂，並不是弒君的行為。

孔夫子與孟子的說話，究竟是誰錯呢？

當然沒有對錯！只是見人說人話，對鬼說鬼話而已。兩位大聖人尚是如此，故你亦不要怪身邊的同事、朋友，甚至是親人了。所謂：入山不怕虎傷人，最怕人情兩面刀！

而且照照鏡子吧！你自己又何嘗不是如此這般呢？

第六篇

神話

灶一

灶神亦稱灶君（註十六）、灶王、灶王爺。

古時的「五祀」也好、「七祀」也好，都包括「灶」。始終擺脫茹毛飲血後，食物大多數情況下總得過過灶火吧！而灶神原型基本源自兩類：

第一類，上古傳說人物。例如炎帝、祝融。而其後火、灶分家，就是另話了。

第二類，由「灶」而後產生的偶像，有稱「先灶」的老婦。顧名思義有理由相信是先有「灶」而後才有此婦。

當然亦有原本是玉皇大帝女兒，後因涉及與凡人有私情而被貶的「灶王奶奶」。可惜基於「大男人主義」，故「正位」就變為了男性的灶君。自己雖然還是「灶王奶奶」，但卻變為了附屬品。

灶神正稱的說法雖然不一，但已未算太多。

相較下藥神／藥王的代表人物，就更廣泛了。隨口說來就有：伏羲、神農、黃帝、呂祖、華陀、李時珍、扁鵲等。

而有說灶神和藥神不和，故有煎藥不可在廚房進行也。

不過師承於現代大學的中醫師，應該甚少聽聞此點。如同診症時，不知道為何該用木桌子一樣。另外，亦有說不可持藥過門檻。因恐門神嗅到後，藥力有變云云。

或說，神仙間都互有愛、憎、惡？那又如何教化世人？對人類來說，灶神、藥神都是「上層」。底層（人類）應該戒掉嘅陋習，唔代表高層要。

同樣道理，縱然是神仙亦有高低榮辱之別。神話世界裡玉皇大帝可以有妻女，但不適用於一般的神祇。否則就是犯了天規。

所以辦公室禁止抽煙，並不適用於老闆自己的房間。

註十六：灶君當然屬於民間信仰或道教文化。但原來佛教亦有差不多的神祇。稱「監齋佛／菩薩」。

二

和合

寒山和拾得，人稱「和合二仙」。

雕像、圖畫，甚至是風箏等等，都有以此二人為形象的題材。拾得持「荷」示和，寒山持「盒」示合。「男相」的和、合沒有甚麼好說，始終太多人說過了。相較而言，女性的形象和、合就可於此多說一二。

說話有雙胞姊妹，姊叫和，妹叫合。姊妹二人樂於助人，曾出錢出力撮合別人的好姻緣而得美名。而和、合姊妹雖然父母早亡，而且沒有弟兄。但姊妹勤奮，故日子亦過得富足。但始終有財祿就有糾紛。就如斗數裡的「祿存」，必被凶星擎羊和陀羅所夾一樣道理。

當地惡勢力見兩位弱女好欺負，就時有歪心打其主意。和合姊妹自知難敵，故只好出下策——專做蝕本生意，希望沒錢就沒有騷擾云云。

哪知今日買入了冇價冇市之物，明天卻變了成奇貨可居。一心想著買木頭回來燒掉，當是燒銀紙算了。哪知燒燒下落大雨，木頭變炭。轉頭更見天氣變得嚴寒，令炭價飆升起來。

因為姊妹做哪門生意都賺，日後更被封為財神。其畫像亦多與男相相同，以手持荷、盒為主。

於寒山和拾得的更早期，另有「和合之神、仙」萬回。而萬回之和合，就傾向於「一家合和」。但始於萬回形象只有一人，故不乎合世人眼中的「和合」。所以後人多以寒山、拾得為「和合」的主導形象。

那究竟是寒山、拾得「靛出於藍」，還是「惡紫奪朱」呢？當然都不是！問題是萬回沒有做好市場調查，而做出了錯誤的形象設計。所以當閣下覺得自己有才，但又未能上到雲霄處時。或許就是未能突出賣點和乎合市場需求而已。有時候只要改變一下對人處事方式，機會就會來臨。

三 金花

有專職庇蔭婦女生育（包括求子和順產）的神祇，稱「金花夫人」。

但此「夫人」，並不是了嫁給了姓「金花」的丈夫。事實「金花」根本未嫁，見《廣東新語》——廣州多有金花夫人祠。少為女巫，不嫁，故原稱「金花小娘」。

「金花夫人」多是獨立一尊成像。但亦有旁添一男性的造型，此男性當然不是「金花先生」，而是送生司馬。

至於有稱「金花娘娘」的神祇，亦該是同一所指。始終稱謂、外號之事，不可過於執著。就如菜市場的亞姨稱你「靚仔」、「靚女」時，你唔好當真。此乃廣府口頭禪也，根本不值一哂！

而要注意的是：金花麾下除了有下屬花公花婆外，還有一群「奶娘」。其數有說是十二位，亦有說是二十位。

說到「數字」，就衍生出另一個話題：龍生九子，究竟是哪九子？

現代資訊發達，於網絡上不難找到。是故於此不多說了。那有甚麼好說？

要說的是不同版本，會有差異。如果都加起來，龍子之數就超過「九」。

有趣的是：你知道古文中的「三」，未必是實數三。那你又可曾懷疑過「九」，亦非實數呢？

又曰：龍與那麼多不同的物種交合，實在極淫。

但亦有一說：龍的原配因犯了天規，故要受輪迴之苦。而所謂的不同物種，其實都是龍的原配轉世。所以龍一直是長情痴心，而非變態色情。

就如「癩蛤蟆」一樣，究竟是值得尊敬的痴心漢？或是討人厭的痴漢？

恐怕只有那隻「天鵝」，才有評論的資格。

四 七星

有所謂「七星茶」的小兒涼茶。但為甚麼叫「七星」？唔叫「六合」或者「八仙」？

當然，其中一個可能是此茶配方共有「七味」。

但或許亦因為台灣、福建一帶，有專職保護兒童成長的七星娘娘吧！

七星娘娘又有稱七星娘、七娘、七星夫人。

部分區域的民眾，會有把子女上契給娘娘的行徑。就如香島人把子女契給黃大仙一樣。

七星娘娘本是單一成尊的，但後來有部分地區改為七位。或是附會牛郎與七位仙女的故事吧？

事實上，原本的七星茶確係只用上七味藥材，但後來已有增加。就如廣府涼茶廿四味一樣。

閣下或說：你自己講啫！喺處呃鬼食豆腐！人家最初用七味入藥，那當然叫七星。

區區當然沒有「呃鬼食豆腐」，最多只是「呃鬼食度符」。

而且單純因為七味，咁點解唔叫七子？七福？甚至直接叫七味茶？

託名附會之手段，舊時古人叨過你呀！

五 壽

而說到稱謂就要談談「壽星」。

壽星本為天上二十八宿中，東方七宿的角、亢二宿。另亦有說是南極老人星，見《史記》的天官書和封禪書。因中國的本土宗教（道教）認為：南主生，北主死。故南極星是壽星，而非北極星。

那麼為何不直呼壽星為「南極老人星」，而要再起另一名稱呢？

這正正就是「改名」的作用（註十七）。

《史記》：老人見，治安。不見，兵起。

可見，壽星最初是掌管國運的長短，而並非凡人的壽命。但始終市場細，難得百姓眾多香火。故於東漢以後，就只好紆尊降貴由推國運，而變為管人壽。「壽星」一詞，可令人望詞字而知意。當然是個好選擇！所以陽春白雪，始終是曲高和寡。下里巴人，才可流行於俗世。

舉一反三：如果閣下不太受身邊人所歡迎，這或許就是你自己的問題吧！

註十七：改名方法有不少。例如筆劃、筆勢、字型和五音等。

六 鍾馗

十二花神有不同版本，其中有值得一說的是「五月石榴花」——鍾馗。鍾先生其貌不揚，何解會成為花神？究其原因或是五月有五毒，即蛇、蠍、蜈蚣一類。（何謂五毒者？有不同版本。）故用鍾馗滅鬼之力來滅毒吧？

有關鍾馗的傳說頗多，其中以「鍾馗嫁妹」一節較為有趣。大意是鍾馗死後得好友杜平代為安葬，故鍾馗就把親妹許嫁給杜平。而南北戲曲，都亦有以此為題材。但亦有說「嫁妹」為「嫁魅」之誤，其原句為「鍾馗迎福，驅鬼嫁魅。」不過是嫁妹也好、嫁魅也好，如果你是杜平，而未有見過鍾妹。但鍾馗硬要把妹子嫁給你，你會有何想法？你該知道鍾馗的相貌吧？

就鍾馗來由一般有兩個：

其一，鍾馗武舉不中，其後替唐玄宗於夢中捉鬼。玄宗見其有功，故命畫師吳道子繪像，並御告天下。（出自宋代《夢溪筆談》）既然得到當朝帝王推崇，鍾馗爺理所當然就是成為捉鬼的「頭牌」，繼而成為百姓家的門神，就是理所當然了。

其二，於殿試中唐德宗因見其貌醜，加上奸臣讒言，故鍾馗未被點中。鍾馗氣忿難平，最終就於殿上自盡。後德宗知錯，追封鍾馗為大神。（出自清代《平鬼傳》）

而另有二說，則與諧音有關：

其一，鍾馗本為「終葵」。終葵者，宗教儀式裡使用的棒槌。古人相信於舞動「終葵」，能有驅鬼逐疫之功。

其二，鍾馗本名「鍾葵」。因其字為「辟邪」，故於民間附會後變成了貼於門上的「門神」。事實上，最早期的門神，或非是成對的圖畫。甚至不是圖畫，而是文字！

除了是只書上兩、三個文字的「門神」外，後期亦有於方型紙上寫下對聯的「斗方對」、「壁上觀」來代替貼「門神」。

以鍾馗為材的器具、詩詞、畫報頗為普遍，而且主題亦十分豐富。其中亦以持劍、以扇引蝠（福）、蟢子（喜蟲）天降、嫁妹等，此一類最為常見。

惟區區最愛者，乃「百鬼斬盡獨留此精」之題。此精是誰？馬屁精也！

所以唔好以為「有話直說」對老闆、朋友會一定啱用。嚴如鍾馗爺，也得留隻馬屁精呢！

不過拍馬屁乃高級「行為藝術」，小心自己畫虎不成反類犬！

題外話：門神「神荼」讀音為「申書」，「鬱壘」讀音為「屈律」。兩者均本為鬼王。

七 天狗

大多數人誤以為傳統角度見到日蝕，就必以凶論。但實非如此！「全蝕」喻被天狗全吃掉。復明，只是天狗癪出來（糧食全被吃掉）。故不吉，即該年為歉年。「偏食」，喻天狗吃不完。復明，被天狗吐回來（糧食多到吃不完）。故吉，那年當然就是盈年了。所以掌握你命運嘅……其實只是一條狗！

正因如此，部分打工仔，習慣暗裡稱上司為「狗」。

說到天狗，亦有所謂「張仙射天狗」的民間故事。當年宋仁宗五十多歲尚未有子，固然是心急如焚。始終帝位要人承繼，總不成旁落分株。

一晚，仁宗於夢中見一美髯男子，甚是仙風道骨狀。美髯男自稱張仙，專職送子。張仙說道：天狗作惡，愛吃人間小兒。陛下未有子嗣，正是因為天狗守在陛下的宮垣。只要我「射出」彈珠就能把天狗逐走。

仁宗大喜。夢醒後命人描出畫像，並貼於宮中。民間得知，當然有樣學樣。而張仙形象多是持著彈珠和弓，但亦有持丫叉造型。更有詩聯曰：打出天狗去。保護膝下兒。

所以，閣下得子，可能是別一位男士的功勞……

對於張仙一說，其實亦有另一版本（出自《金台紀聞》）：說話當年宋太祖強取了花蕊夫人入宮，但夫人仍然記掛原配孟昶。故夫人就把孟昶畫像掛於宮中。宋太祖得知後，當然大怒。不過夫人始終見過世面，故就託詞掛此畫像乃源自四川俗例。男子名張仙，且專職「送子」。事情如此這般的傳到宮外，張仙就順利進入民間了。

那麼，閣下現在是否打算偷看老婆手機裡的「相片」呢？

至於有說張仙乃四川道士張遠霄，且彈珠能掃晦氣、災厄一事，則是另話了。

八 馬王爺

農曆六月廿三日為「馬神誕」。

馬神又稱「馬王」、「馬王爺」、「水草馬明王」、「三眼靈光」、「馬天君」、「靈官馬元帥」等，其工作主要是與馬匹有關，所以最初多是馬廄中人拜祭（註十八）。

當然，王爺亦有涉足其他畜牧業，尤其是大型牲畜類。後因相貌威嚴（三眼、四臂），故功能就進一步提升為除孽斬妖。之後更成為財神，甚至是求／保妻、妾和子女之神。

至於「馬王爺」有幾惡，就可從俗話中看到一二：「要給點厲害你看看，否則不識三眼馬王爺！」「今次就要你知道馬王爺有幾（多少）隻眼！」

更有稱讚馬王的對聯，曰：上山敵猛虎，下海鬥蛟龍。

所以於華人社會裡，有等以「力量」謀生的人士，時常把馬王爺掛於嘴邊，以示自家威猛。

另有說馬神本是伴於如來身邊的一盞油燈，因有了靈性而化成人形。後因滅了火鬼，而違反了佛家的「慈悲心」。故曾被貶到凡間，三受輪迴之苦。

說到「馬」，有句話：馬屎憑官貴！

何解？意思跟狗仗人勢差不多，但就把此等沾貴者比喻得更低。真正是狗屎垃圾，連狗也不如！

註十八：工作於香島馬會的員工，亦有以供奉「伯樂」為主。

九 奪魁

掌管讀書人命運的「魁星」，原本是「奎星」。所謂「奎主文章」也。奎亦即西方白虎七宿的「奎」，奎為七宿之首，共一十六顆星。但因為「奎」字難以形象化，所以往後才改用「鬼踢斗」的「魁」字（北斗七星的斗柄）。

那麼「奎」字又為甚麼與文章扯上關係？

《孝經．援神契》形容奎星之時有此說：屈曲相鈎，似文字之圖。或許就是如此這般吧！

先題外話一下：所以形象是很重要的！如果昨日不順利，現在就去理個髮吧！

而古代士子多以「大魁天下士」為目標。於明代科舉中以「五經」分科考試，每經中的第一名，即為該經的「經魁」。

民間亦有著不少魁星爺的故事，現略說其一：

魁星爺生前是位跛腳麻子，但仍勤學用功，並且得到了殿試的機會。

不過雖說外表只是個臭皮囊，但始終俗世人眼光總是愛美厭醜。故當朝皇帝見到此員生時就以「麻面滿天星」為題，以嘲諷其面上滿是「麻子」。

哪知魁星爺接：「獨腳跳龍門。」

此句甚妙！用自嘲來接題，那就避免了閒人蜚語：皇上只重外表，而不重內涵。而且「獨腳跳龍門」之「龍門」，又同時表達出自己希望「鯉躍龍門」的心情和決心。

所以下次被老闆窒時，就要識得笑。否則冇運行。當然，被老婆、女友窒時，此法亦同樣適用。

笑話說過了，「神話」篇行文至此，亦該置筆。

唯最後亦要順帶一提，常說的「急急如律令」究竟是甚麼？

《資暇錄／集》有句：律令是雷邊捷鬼，善走，與雷相疾速。

也就是說：律令是雷神／雷部的小鬼，而且跑得快、行事快。亦與雷神／雷部有關聯。

施法者為突顯其迅速，故說急急（快速）如律令（一樣）。

第七篇

閒雜話

一 電影橋段

有女性朋友測字問姻緣，朋友問用哪種方法去測？（意即由朋友親書，或是由區區出字後由佢去揀之類。）

區區答：隨你意。

朋友想了想，曰：那麼就不寫，測個「用」字吧！

區區答：兩月共一邊，月為陰，女性。兩個女性共用一邊……如果意中人不是女性（這可能性較低），那意中人就一定早有親密女友，甚至已婚。

朋友聽後未有回應。但觀其貌，該是說中了。

區區再說：上田下川。田為坤，川為坎。坤上坎下，師卦。恐怕事情已到兵戎相見的地步。（經常說的出師有名、出師不利，均是與打仗、爭奪之類有關。）事情已經露了底，已經沒有隱藏的餘地。如果對方是已婚者，還是放棄好了。如果大家爭起來，你本身出師冇名，已屬不利。而且兵戎相見時，縱是勝方亦必有損傷。犯不著！

見朋友未有回答，區區只好補充：你剛才已說不捨（寫），恐怕你現在還是「不想放棄」！

既然講到測字咁「神」，那又為何現代較少人專靠此科搵食呢？

因為測字要靠靈感和觸機。

這處所說的靈感，是指選擇所使用的方法。

例如同樣是「用」字，亦可以拆解為一個月內，會有姻緣。因為「〡」（花碼）在「月」內，那還不是一個月內會有姻緣？

而觸機就是當時的時間、環境、天氣、人物或事情等。

經典例子是乾隆下江南時，見到有「先生」正在獻技。乾隆爺一時興起，於紙上寫上「一」字。後紙被風吹，落於地上。先生就批客人是「王」，對其下跪行禮。因為「一」於「土」上，即「王」字也。

不過這當然是坊間閒話，甚至只屬電影橋段。因為閣下縱是有十足把握，亦絕不敢說出來。

所以常說：不要看太多電影、電視！

事實上，朋友的師卦亦可有多重解釋。不贅。

二 猜字謎

玩玩猜字（猜一職業）：

丈夫握有三寸筆

一揮能敘四海春

答案：寫信先生也！註：非區區原創

丈夫握有三寸筆——十分明顯係用筆搵食。你總不會諗到其他吧？

一揮——當然是大筆一揮。難道你以為是甚麼？

能敘——當然是說見信如見人。算是紙上相敘（敘述近況）也好，夢中相敘也好了。

報春——報平安、報喜事。

當年不要說是長途電話，甚至係普通電話都甚少人有。故親人要是出了門搵食，就只得靠書信傳通了。而因為寫信先生一般亦有寫揮春，故就更與下句「一揮能敘四海春」配搭合檔。

當年部分寫信先生來頭不小。例如七七機關高層嘅秘書、中學主任，甚至係校長級別。呢批高人只可說是時運不濟，而絕非冇料。

後話：唔好睇人唔起。可能對方只是交上蹇運，並不代表你較對方高才。

反過來說，如閣下正處逆境，亦未必是閣下差劲。或許只是半刻間的時運不濟而已。

三 風箏

上文猜職業，今文猜物件。源自詩人謝宗可的詩：

自負雲霄早致身，
安排線索靠他人。

謎底：風箏。

風箏自持身居高處，而自鳴得意。（謎底是風箏，而不是紙鳶者。正正就是其精彩之處——風箏自鳴，但紙鳶不會。）但風箏又哪知自己根本沒有獨立的能力，其實一切都是建基於他人之手。

縱然自己亦有一定的本領，而絕非亞斗之流。不過較你才高的人卻多的是，閣下只是運氣較佳得人賞識而已。所以居安思危、自強不息，一定總是錯不了。因為你永遠不知道操控者（貴人和機會），何時會離你而去。

此詩尾兩句為：牽來拽去成何用，驟雨淋頭斷送春。這亦正正道出了未能「獨立」和有真正能幹的危險。只要一個當頭雨，你就會如廣府白話粗語所說的「乜春都冇晒」（註十九）。

故紫微斗數裡一般看重天魁、天鉞和右輔、右弼多於文昌、文曲的見解，始終不是區區的一杯茶。

註十九：「乜春都冇晒」意為：全都沒了。

四 大器

區區不是道家或道教的專科，故下文純粹是以一位普通人的淺見來說。「大器晚成」一詞是明白的，但如果以出處的全文來看，就總覺得調子不一致。

原文大略……故建言有之：明道若昧，進道若退，夷道若纇，上德若谷，廣德若不足，建德若偷，質真若渝，大白若辱，大方無隅，大器晚成，大音希聲，大象無形，道隱無名……（出自《道德經》四十一章）

這疑問一直困擾區區多年，幸近日得前輩指點而通了。據前輩所言：大器晚成，實為「大器免成」之誤。所謂大器免成，即指真正的「大」器，是沒有定形的。

或說「大器晚成」也好、《道德經》也好，跟我何干？

區區想說：初學事情（例如斗數）可以買本書嚟自己睇下。但學習到一定程度就要懂得思考，唔好書點講就點跟。

去到再進一步，而又有幸遇到高手時，就唔可攞本書嚟同人拗。因為可能是閣下錯誤理解書本所說，誤入迷霧而不知。亦可能是書本的作者，亦未有你目下這位高手的能幹。

至於事情或歷史上的「新解」、「新發現」，就更是不用多說了。而且毫無疑問、不經思考地跟隨書本，你就充其量只可以跟作者「平手」。你永遠不可以超越作者，你甘心嗎？

再進一步的說：如果作者是位真正的高手也還好，最怕只屬濫竽充數之輩。那麼閣下不但浪費了自己的光陰，而且還一直留在夢中而不知。

當然，要高人指點，根本並不容易。見你有錯，而肯笑兩聲做暗示，已經十足界面了。有道：見面不識韓湘子（註二十），過後難逢呂洞賓。

註二十：據《洞冥寶記》所說八仙裡的韓湘子實為韓湘子。

五 命運

常言：一命，二運，三風水，四積陰德，五讀書。

那究竟何者重要？又如何相互影響？事情就以古代航海為比喻吧：

命——可喻為航海的路線。假設兩者同樣由廣州出發，一個要到香港，一個要到美國。那當然是去香港的，會較舒服。

運——旅途中的風浪。一般來說，要到美國的，當然風浪較多、較大。而且遇逆流、逆風的機會亦較多。但也有可能要到香港的，會被一個風浪所打沉。反而去美國的，就無風無雨。不過縱然無風無雨，始終是較辛苦的旅程。

風水——船的結構。結構好，當然可以幫你抵抗風雨。但有風雨，就是有風雨，始終是艱辛的。而且縱然是結構幾近完美，亦難敵極壞的天氣。

積陰德——與其他船員的關係。當你日常對人好時，遇到困難，自然會有「助力」去幫你。對人唔好之時，船員一有機會便會掉你落海。

讀書——航海知識。有知識，就可以預計到部分的天氣變化。亦會有較多的方法去避開危險，甚至是走一條更方便的路線。

共勉之！

六 接腳

於區區年青時代，香島人多愛麻雀耍樂。如朋友捧場，例如同時有五人想參與時，就會大家轉移參與。又如甲某有事要先走或是打得倦了，就會第五人「接腳」。

但其實「接腳」者，實乃指寡婦招夫。不過此語甚妙：戲說餘下三人姣婆守唔到寡，要搵人繼續「玩」。而寡婦再「娶」稱其第二任時，一般是呼做「接腳夫」、「招夫」。

或問：為何上段說「娶」？

因為接腳夫「嫁」入寡婦家後，所生兒女均要跟寡婦前夫姓。事情說穿了，就是買你返嚟做「配種」。如果「辦事不力」者，更有可能被趕出門云云。

而這種入贅方式亦並非偶然事件，而且有法律保障！一般會有正式媒妁、主婚和立約。

至於女方未嫁，純粹是入贅女方的所謂「倒插門」女婿，當然是另一回事。

而上述的這種關係亦可再分類下去，主要有三類：

第一類：終身制。

第二類：有年期為限，或女方辭世後，即約滿。

第三類：第一個兒子歸女方，之後的才歸接腳夫擁有。

七 鬧婚

小輩觀看網絡影片時，見到有新郎接新娘時被女家的人以「鬧婚」為名，實以打婿為樂。

小輩認為此舉十分野蠻，為何不可玩玩斯文遊戲？大家開心、投入就是了。是否野蠻？實在不敢斷言！

但其實於漢代時期，已有新娘家妻女打罵新婿的「武鬧」。至於玩斯文遊戲的，當然就稱為「文鬧」了。所以於婚嫁時鬧婚，從古到今都實在普通。

而從未聽過鬧婚的婚嫁事，恐怕就只有「冥婚」了。

冥婚一般有三類：

第一類：神人冥婚。香港教科書裡亦有的「河伯娶妻」當然就是一例。

第二類：人鬼冥婚。顧名思義，就是生人與死人的婚事。如果先娶死人，再娶活人者，其活妻則只是「妾」的身份。

有趣處在於這位男士之所以有經濟能力去娶活妻，很多時都是靠娶鬼妻時收取的嫁妝。

而此一類冥婚縱然到了現代，亦偶有所聞。一般情況下「徵婚者」的家人會於路上放「紅包」，靜待路人。當有人執起時，就會告明來意。幸好一般亦不會強買強賣。

第三類：鬼鬼冥婚。一般是為已過世的「花仔」、「花女」進行。極少數是為已婚辭世者進行。或許出於希望辭世者「有個伴」的原因，故此類冥婚多由在世的家人自行安排。當然，亦有更多神怪色彩的，即所謂「托夢」之說。

八 擇吉

替客人擇吉，客人也懂些坊間小技巧，例如查通勝。

客問：其實用乜嘢做基礎？單係查通勝已經會有矛盾。例如建除十二神（即成日、破日一類）好，但飛星唔好？朋友用其他方法幫我擇，又有唔同。

區區答：吾以「五行」為準的擇。

客問：何解？

區區答：同樣問題，當年漢武帝裁決過。武帝曰：避諸死忌以五行為主。

日常擇吉最大的市場當然是婚嫁，期間亦多會涉及「夾八字」。男、女於婚嫁上所要求的「夾」，除了正統「四柱八字」學外，還有一些所謂的「散手」、「小技倆」和「俗例」。

例如：忌於十八歲時成婚。否則婚後有「十八難」云云。「女大一，黃金飛。女大二，黃金長。女大三，抱金磚。」即女方大一歲，破財。女方大兩、三歲，利財。

生肖方面，亦另有歌訣。謹節錄小部分如下：

龍虎鬥，必有傷。兩頭羊，活不長。兩隻虎，難同山。雞與猴，難白頭。鼠共虎，常見苦。虎蛇配，難到頭。雞見狗，眼淚流。蛇見猴，淚常流。

於夾八字上，有三兩事值得一提：

第一，當有矛盾時：例如出生年夾，但日干唔夾（經常發生）。就得看算命先生的功力和主人家的「誠意」了。當然，誠意者，非多金不可。否則空言也。

第二，一般夫妻的八字都不會是特別「夾」或特別「不夾」。

第三三，九清一濁，不如九濁一清。即一分「唔夾」的，足以把其他「九分夾」的推翻。如果有三、兩樣「唔夾」，問題可能反而不大。

而「九清一濁，不如九濁一清」的理論，未必是每位師傅都贊同。此純粹個人經驗而已。

九

剖腹

於近十來廿年流行的擇日產子，確是算命先生的一門大生意。

但縱是行內人，亦有不同說法。持不同意見的算命先生認為「成胎」一刻已定了命數，故如何選擇出生時辰亦只是徒然。所以古年代對受孕的日期，會看得十分嚴肅。

其中道教經典《抱樸子》云：然行氣宜知房中之術，所以爾者，不知陰陽之術，屢為勞損，則行難得力也。

意思就是說：如要有效果，就得依法則。既得孕，就要保胎。其中有胎神一說，就較為有趣。

所謂胎神，就是保護胎兒的神靈，故不可犯。計算胎神位置有兩種方法：

一種是根據懷孕月份而定，胎神所處位置不變：

一、七月：正門

二、八月：庭院

三、九月：椿米用的臼

四、十月：廚房

五、十一月：睡房

六、十二月：孕婦本人的腹部

另一種是胎神所處位置，會依月份而變動：

五、十、十二月：房床

二月：門、窗

三月：門堂

四月：廚房

六月：床倉

七月：臼、磨

八月：廁門

九月：門房

十一月：灶爐

十 鬼差

與好友說到中國宗教的特色，其中一些事情是你覺得「理所當然」，但往往卻是「並非如此」。例如，殯儀先生用中國的干支曆去計算「回魂夜」後，再擺設妥當一個中式的壇（一般傾向道教），等待牛頭和馬面送先人回來。但其實牛頭、馬面卻是源自印度佛教的，卻未必人人皆知。（亦有一說佛教只有牛頭，沒有馬面。）

清人俞樾的《茶香室三鈔》云：其馬面則後人以配牛頭者耳。所以對與錯已不是重點，當每個人都係是做同一件事的時候。

說到牛頭、馬面，當然就得說說黑、白無常。有說黑、白無常源自道教「無常鬼」一語，故黑、白無常該為中國本土之物。但亦有人根據《地藏經》云：無常大鬼，不期而至。而認為黑、白無常該源自佛教一論（亦有說佛教只有黑無常）。

唯此點而言區區則難贊同了。雖然「無常」只是個十分普遍的佛教用語，不應單憑冠於「大鬼」前，而強說兩者相同。而因為地域文化不同，故黑、白無常的生前原型亦有不同。

香港和台灣受閩南文化影響較大，所以一般認為：黑無常原姓范，身形較矮，故亦稱范將軍；白無常原姓謝，身形較高，故亦稱謝將軍。

黑無常又稱二爺、八爺、八伯公。有說黑無常是因為父母辭世，而自己哭死，故又稱孝子八。高帽寫有「你也來也」、「正在捉你」之類。

白無常又稱大爺、七爺、七伯公。高帽寫有「一見發財」、「一見生財」之類。

因有說黑無常專捉惡人到地府受審，白無常則帶善人刑地府往生。

另有說：白無常本名謝必安，黑無常本名范無救。兩人為異姓兄弟，情同手足。兩人於一次外遊中，避雨於橋下。老謝回家取傘，並叫老范勿自行離開。老謝去後，雨漸大。老范本可離開，但又怕對老謝失約，最終溺死。老謝得知原委後，自覺有慚，終自縊於橋而死。

閻王得知范、謝重情義，就封二人為後黑白無常。主要職務為明察暗訪、專捉惡鬼。

但始終鬼神傳說太多，而且時有矛盾。就簡單如高帽上的字句，於現代亦已經互相混亂了。故此文看過了就是，不用太在意對錯。

道理就如「回魂夜」應否擺碗筷？你可說：不擺碗筷，怎吃？

但，難道你認為牛、馬有手拿碗筷嗎？那麼「勾魂使者」是牛、馬一組，還是黑、白一組呢？

或許是另一位——招利聖君！

聖君姓張，名招利（一說名為老蓀，招利為字），又稱「張老伯」。有藏頭詩曰：招徠群黎納吉慶，利潤蒼生佑增祥。造型為手持葵扇，上書「善惡分明」（註二十一）。傳說聖君曾與岳忠武王共事抗金。另外，亦有女性鬼差之說，但一般記載就較少了。故不論小說、戲劇等，均甚少出現女鬼差一角。

註二十一：「善惡分明」此四字看似簡單，但當有做過欺心之事時，定當有所感受。就如舊社會年代於寺廟、神壇裡，斬雞頭發誓時一樣。

十一 拱手禮

中國歷史久、朝代多，加上鄉例不同，所以很多事情不需爭論「對與錯」。日前拜會前輩時，有「小朋友」見到前輩右手握左拳「拱手」向一眾示好。小朋友喃喃自語：不是左文右武嗎？該是左手握右拳吧？於大庭廣眾下，區區實在不方便幫人教仔。故還望小朋友能看到此文……

最初期或是較早期，曾一律是右手握左拳的！亦有女性是右握左，男性左握右之說。

而於「武行」來說，近代則另有規矩。清代《兒女英雄傳》：那拱手的時節，左手攏著右手，是讓人先打進來。右手攏著左手，是自己要先打出去。

而於「尊卑」上亦有一定的規則，並不是單依左、右。

所謂：尊揖卑者，拱手。卑揖尊者，磬折。

例如下屬見上司，要先行揖禮。上司回禮時，只要拱手就可。（註二十二）或說此舊例，已不合時代。

但你又可記得剛才跟上司打招呼時的情境？是大家對等？或是尊卑有別？

注二十二：此處所謂作揖，是雙手合抱按下去的同時，要低著頭，並且上身微向前屈。

十二 拜訪

親友間互相拜年，究竟該由誰先去拜（訪）誰才對？例如兩兄弟，究竟有沒有分兄去拜弟，或是弟去拜兄？

一般人都會覺得誰個方便，就誰個去（拜訪先）。誠如如此！且現今社會亦已不拘泥太多。但如果「計足」和除開了「方便」，相信一般人都覺得該是弟拜兄，此尊卑排序也。

這確是對的！唯要注意：古人拜訪對方，一般會依三個方向去決定。

一，地位、尊卑。二，賢、德、才一類。

兄長於家庭的地位較高，故該弟拜兄。但如果弟乃高才賢士，那不就是「對等」嗎？看似平手，但還有「三」——年紀！總不成兄會較弟年幼吧？故必定是弟到兄家拜年。

古代的持才高人，如非特別原因，會依得很足。

例如大官想約高人過府，高人都未必會去。因為大官雖然地位高，但高人自持有才。於大家「不分高下」的情況，如果我過府找你，就是貶低了自己。

如果高人年紀長於大官，高人就認為該是大官來「拜門」才對。
但如果高人有求於對方時（註二十三），就只好「有禮不依」了。

註二十三：有求於對方可以是有利於蒼生的行為，並不一定是為了一已之私。

十三 貴姓

初次見面，一般是問人貴姓。
現代人回答「小姓乜」，已經算是有禮貌了。唯其實應先說「免貴」才回答姓氏，會更為妥當。
因為人家向你說「貴」是基於尊重。故如閣下直接回答出，就似乎是有點兒「自貴」了。
但如果閣下姓氏是曾經的帝王之姓，例如劉、朱（註二十四），或聖人之姓，例如孔。則反而不該先答「免貴」。
至於何解，就自己想想吧！

既然說「姓」，又何妨道「名」呢。取名除了要避諱外，亦有些小技巧要依循一下：

所謂「張王李趙遍地劉」，故「大姓」就不宜用過於簡單的名字，否則容易「撞全名」。亦不宜用當時流行的名字。始終流行一時的名字，過後多會變得俗氣。

要避用多音字：詩人白居易的「易」字，究竟發音是《易經》的易，或是「容易」的易？有說「易」字用於姓時，必讀為《易經》的易。但白居易的易字是用於名，而非姓。而且白居易曾以其名字而戲曰：長安百物貴，居大不易。

當然，正確讀音是《易經》的易。因為「居易」乃取自《中庸》裡的「君子居易以俟命，小人行險以徼幸。」

註二十四：區區俗姓「朱」！

十四 害人害己

早前與大仔說到「帝王之術」。那「帝王之術」究竟是指甚麼呢？可以說是管理學吧！而類似的「厚黑學」、「三十六計」等，亦曾令不少人著迷。更有百姓以習得此技為榮。但當日自以為是的一批「讀者」，究竟有多少位能單靠此技而成功？

區區自問認識的人也不少，但沒有此類成功個案。被此等淫技所害者，卻是頗多。何解？上述功夫用嚟愚弄下蠢人，就是可以。但如施此術於正常人身上，恐怕只能取巧一兩回而已。而且最終不但未有好處，更是掉失了自己的聲譽。

「帝王之術」的使用者身份，就有更高的要求。古代臣民一般不許學習，某朝某代更是皇太子專利。而此所謂的「帝王之術」，非指能出入於廟堂的大道，而是以陰謀為本體的小道。

例如，令一眾手下人忠於自己，但又同時令到手下人之間互相不和。令手下人能得發揮，但又唔可以令手下人有「蓋過自己」的機會。現在聽落似是簡單∴但要成為一位成功施術者，其實並不容易。而被施術後沾沾自喜，以為自己乃聖主心腹、重臣者則多矣。

或許你自己亦中了該等「幻術」而不自知。

十五
狐朋狗黨

滿清衰敗與慈禧有關（其實大清早已積弱），當年李蓮英乃太后身邊紅人，故時被世人指罵。但想深一層，李大總管只是擦鞋童而已，實難左右主子心意太多。而李大總管與一眾大臣亦未有嚴重的「結黨營私」，大多只屬收錢疏通一類而已。

所謂「結黨營私」者，即互相關照、遮掩、護短等。

當年「梁天來」一案裡，凶手凌貴興／卿並非如此神通，可以買得通大小官員。而是該等官員早有營私勾結，已經衍生出了「城狐社鼠」的關係。所以才會於嚴如雍正的年代，亦發生此等事情。

後話：假設你係幫凌貴卿手嘅風水先生（註二十五），又確知梁天來祖屋影響凌氏風水，令到凌氏不貴難舉。咁你會點講、點做？

或許這是個值得玄學先生去好好思考的問題！

至於凌氏放火時，究竟是存心想害命或是純粹出於「嚇下佢」？則恐怕是千古之疑了！

註二十五：相傳凌氏祖墳名為「七星伴月」，其特色為「快發」主富，但並不主貴。

十六
總有原因

雖然好徒難得，但亦非一定要白教給你。

一，閣下是位鋼琴高手，有幸認識了一個「更高手」。更高手可以樂意指點你，但亦非一定要「無限地」指點你。至於止於何處，當然並不是由你說了算。

二，閣下完全不懂彈奏鋼琴，由初學開始。老師教你技巧，故交學費乃正常事。道理就像上學、返補習，要交學費一樣。雖然亦會有人樂意去義務教你，但其中多會涉及其他關係因素，例如宗教、親戚、朋友等等。

有說國人自私，巧技多不肯傳人。其實西方國家亦有一定的學徒制和不傳人的思想。

例如騎士有學徒制。所以甚少會有騎士見你有資質，就無條件教你打劍、射箭和馬術等。西洋影話戲裡幫騎士打埋瑣碎事情的男孩，正就是「學徒」身份。而其中更有學徒需要「陪寢」之說……

巫師亦有學徒制，就如迪士尼卡通《幻想曲》一樣。如果只是跟隨了兩三年，巫師亦甚少會教你任何技藝。

小說《飄零燕》裡的海迪爺爺是個出色木匠，但技藝從不傳人。直至海迪出現，才把手藝授予海迪的玩伴好友。

當然，有些情況是因緣際會。此另論也！

十七 舊不如新

玄學與科學當然大有不同！

如果要說有何不同，那就得看分類的方法了。其中一種分類，或就是一般人的想法：玄學越古舊越準確，科學則越新越進步……但事實或非如此！

很多人認為某一玄學的開山祖師，定會手握乾坤、深懂日月。但因為愛「留一手」，而令密咒、口決、竅門失傳。當然，秘往枕中藏是人類通病，但古必勝今亦不是一定的。

區區認為玄學與科學於開始時，都是粗糙和原始的。於代代相傳裡，不斷有習者把心得、研究、經驗加入，該學科才會增加準繩。

以斗數為例，最開始時該沒有南、北，甚至是中派之分。只是後人於應用中發現問題，而加入了自家的解決方法。而因為解決方法不同，方才會衍生出不同流派。

雖說衣不如舊、人不如故，但卻不適用於學習。只依循舊文古訣不加思考，你永遠只會生存於先賢、前輩的影子之下。

當然，你亦可以說因為古人「留一手」，才會令後人於推算時出現問題。但縱然如此，亦未能証明開山祖師一定勝過今人。道理就像西方煉金術師不會輕易授人，但現今科學卻真實地超越了當時。

十八 才不可露眼

多年前與眾師兄弟跟隨師父出席「寶誕」。席間有前輩酒後不經覺露了一手「功夫」，一眾師兄弟「嚇」得目定口呆。前輩從未透露過自己如此這般的飛天遁地施法術，平時純粹嘻嘻哈哈而已。

有師兄衝口：平時唔覺，原來佢（前輩）咁勁！

師父笑日：老鬼怕被人知佢識（註二十六）！

師兄問：其實知都冇所謂吖？

師父曰：舊時人不會輕露（專長秘技）。因為怕別人知道後，而要求傳授。佢當然唔會咁易教你。到佢唔教你嘅時候，你就會想辦法要佢教。如果你係有勢力人士，就會逼佢教，甚至係設局去誘佢教。

當然，上述乃陳年往事。依家係你想教（可收學費搵錢，兼可提高自己地位也），都未必有人跟你學。好似紫微斗數咁，買本書睇下，又上網學下。加上自己吹（噓）下，已經足夠搵食。使鬼跟你學！除非你好出名，要借你招牌。

當然，收了你為徒，師父亦未必肯傾囊。其原因：

一，每位師父嘅經濟情況唔同，可能呢門係師父唯一嘅生活技能。總不成只跟咗師父幾個月，交了幾千元學費就想學晒師父啲嘢？

二，有部分講單傳、嫡傳，即係只可教一人。或縱然可教多人，但真正心得只傳予一人。

三，學生自己進度不前，朽木難雕。（此點而言較少發生，而且有主觀成分。）

不過師父點叻、點肯教，都要記著：梓匠輪輿能與人規矩，不能使人巧。

註二十六：某些行頭更有所謂的「救命」功夫，非山窮水盡時不用。

十九

傳男不傳女

無可否認，斗數跟很多傳統手藝、技術都一樣，懂者不會輕易傳人。或許說：中國人習性自私，每怕教識徒弟冇師傅。故連親生仔都唔教！但實際又是否完全出於自私心態呢？

有部分確是源於上述心態，但絕非全部。因為親生仔未必有興趣學，亦未必有資質學。而且更要考慮到此技能，會否幫到日後搵食。很多廣為人知的近代拳師，未見有突出的兒子來承繼就是一例。始終時代唔同，很難單靠拳腳搵食也！

當然，亦有些情況是有女無兒的。那麼能搵食維生的手藝，為甚麼情願失傳，都唔教畀女兒呢？首先，呢樣手藝，未必啱女性。例如打鐵（唔夠氣力）、木匠（多禁忌）。其次，覺得女人出嚟工作，係拋頭露面。甚至係屬於恥辱！其三，舊社會習藝困難。如果教了女兒，怕日後求娶乖女的人純粹是貪門手藝。故教了乖女，反而誤其終生。

當然，亦不可否認於舊社會裡，女兒的地位根本不高。把女兒送給恩人，是屬於「說得通」的行為。甚麼「有女無子富不久」，就更不用多說了！

二十 羅庚

每當聽到人說「如果有鬼，羅庚的天池針就會亂郁。」區區就會想起廿多三十年前的往事……
其時於跑馬地某酒店上通宵班，得好友告知酒店地庫的中菜館十分猛鬼。曾經有位風水師傅到酒店堪輿時，本來一直沒有特別。但當步到地庫時，師傅手上羅庚的磁針，就不停亂動（註二十七）。
故前輩斷言地庫有「污糟嘢」。而酒店老闆基於特別原因，而一直未有找專家「清理」。
老友告知此事，其原意是提醒區區勿於該處「休息」。
奈何當年百厭，兼且貪其位置夠清靜。故每晚都到該處休息……但就從不覺有「污糟」。
後記一，酒店老闆越撈越掂，現在已是頂級富豪。
後記二，區區日前到貴客處堪輿時，出現「搪針」。客人大驚。區區笑曰：我血糖低，手震而已。

註二十七：所謂磁針亂動只是泛泛之詞。磁針不同規律的「亂動」，有不同的解釋。其中有一門稱「羅盤／庚八奇」——搪、探、欺、沉、遂、側、正、兑，亦即八種不正常的亂動，其含意有所分別。

二十一 三合

小輩問「三合」究竟是甚麼？

此問題本身就有「問題」！因為沒有上文下理，故根本不能回答。

如果說是玄學上的地支三合，就是指某三個地支（生肖）會合成「局」。

其組合為（註二十八）：

蛇（巳）、雞（酉）、牛（丑），合局為金。

馬（午）、狗（戌）、虎（寅），合局為火。

羊（未）、豬（亥）、兔（卯），合局為木。

猴（申）、鼠（子）、龍（辰），合局為水。

除此外亦有所謂的天合、地合、人合，即天、地、人三合。而陳先生社團裡「三合」，有指就是天、地、人此三合。但亦另有指三合乃「三河合」、「三合河」，甚至是「三川口」。

但亦有一論：三合是指「義合」、「卍合」、「和合」才對。

「義」代表儒教，即儒家常說的忠孝仁義（不是禮義廉恥）。而且「義」字，於「武行」來說是首要條件。至於儒家是否真的足以被稱為「教」，就各有高論了。
「卍」代表佛教，見佛像胸前的「卍」字，亦即代表仁愛和慈悲。
「和」代表道教，即道教所謂的和合／調和。
取此三字是要強調「儒、釋、道」為一家，要共同抗敵。
至於日、月、星則為三光，就當然不是三合了。

註二十八：甲、乙、丙、丁、戊、巳、庚、辛、壬、癸為「天干」。天干加地支（生肖），就產生了六十花甲子。由甲子開始，即第一個。之後是乙丑，即第二個。又例如癸卯之後為甲辰，再順著就是乙巳、丙午……去到最後一個為癸亥。癸亥之後就重新由甲子開始。

二十二
大利

香島的偏門行業，例如麻雀館、舞廳、酒吧等，每愛於門前或神枱放「薑」。並把水果刀插於薑上，部分更會把「溪錢」置於薑下。如果以風水角度來說，實在是說不通。

其一，未見正統風水書有此一說。

其二，每間店舖的坐向、巒頭、佈局等均有不同，實難有一種「百搭」的擺設。

當然，如果以民間道教來說，區區就不敢妄語了。縱然曾經問過相關的師傅，而所得答案是「未有所聞」。故綜合而言，區區相信該只屬「意頭」或偏門生意上的「習慣」。

因為「薑」代表夠薑（有膽色、敢做）。而薑味為辛辣，故代表手段夠辣（夠硬朗、夠凶悍）。

至於要插上刀子的原因，近代解釋是：水果刀為利器，代表有利（利益）。而且刀有煞氣，合乎上述行業的需要。就此一說，區區要指出的是：薑上插水果刀，只不過是近代的「改良」版本。真正「舊派」是用菜刀，而非小刀。因為菜刀者，「大利」也！

操偏門行業者，一般都急功近利。故所圖必為「大利」，而非「小利」。只是於街上或店內擺放菜刀，始終也是太礙眼了點兒。所以改為插上小刀，亦是合乎情理。

不過如果以一種「掌故」的角度來看時，就是有點「失真」的可惜了。情況就如舊時參與偏門工作的「四邑」人士，多會供奉「綏靖伯」一樣——以前的常識，現在冇人識！

或問綏靖伯何許人？

說話綏靖伯姓陳名仲真。有說綏靖伯曾於四邑剿滅賊匪，有說曾管理妓院、賭坊等一類的偏門發財地。而因綏靖伯死後曾顯靈，故被封上了神枱。

或說現在的相關行業供奉關二哥，不是很好嗎？

如果基於「社團」是源自陳先生的「天地會」，那麼問題就來了：關二哥的供奉文化，主要是由滿清人所帶起（註二十九）。既然是要反清，那又為何要順著滿清的意願去做呢？

註二十九：有說於滿清推崇關二哥文化前，一般是以岳忠武王為忠義代表。但因為武王乃抗金英雄，而金國、女真族、滿族關係千絲萬縷，故滿清入關後就刻意抬高關二哥的地位，以淡化岳忠武王文化。

二十三
唔駛問亞桂

行文已近尾聲，實在多謝捧場。看官或說此書無聊，內容都是些「唔駛問亞桂」都知道的事情。

但「亞桂」又究竟是誰呢？有說此桂者乃指貪官「李世桂」，李世桂乃光緒年間的千總爺，後終被正法；有說李世桂可操控科舉結果，但區區未能苟同。

該是有主持「闈姓」賭博之事而已（註三十）。其後有歌謠：唔駛問亞桂。亞桂如今實悽慘。

另外，亦有說「亞桂」乃指道光年間的九門提督「思桂」。兩位「亞桂」的共通點，就是傳聞可操控子士「上榜」與否。當然，正如上面所說的，就區區個人看法而言，都該是賭闈姓的莊家而已。

閣下或說：此句實是「亞貴」，非「亞桂」。那麼如果是「唔駛問亞貴」，又該是如何呢？有說是源自一位名叫「羅貴」的南遷首領。因為南遷期間煩瑣之事太多，故就下放權力。就下令：大家可以自行決定一些「小事」，不用每事都問羅貴本人。

其後由「不需去問亞貴後，才做決定。」而變成了「不需問亞貴，也知道。」事情有趣在於何謂「小事」？基於說話要給自己留個空間，故區區相信羅貴始終沒有詳細說出。就如上司說：小事你自己決定！但你卻永遠弄不清甚麼是「小事」。

言歸正傳：就區區個人而言，是傾向「亞貴」實是指「貴人」。

因為「貴人」所能引申出的意思，可以是指有特殊關係、實力、背景、權力、知識的人等等。事情簡單得平常人也知，根本不用問甚麼高人、權貴、頭家等一類特別的人（貴人）。

註三十：所謂「闈姓」者，乃一種賭博的方法。大約方法是賭鄉試、會試上榜者的姓氏。

二十四
卜算子・自嘲

初讀此詞是源自於南來師兄的轉載：

本是後山人
偶作前堂客
醉弄經閣半卷書
坐井說天闊
大志戲功名
海斗量福禍
待／得到囊中羞澀時
怒指乾坤錯

（卜算子是詞牌名，自嘲是這詞的名目。）

此詞早有解釋，但區區卻別有體會：

一直自以為是，懂點皮毛就自居臥龍鳳雛。誇說縱然不是隱於山森，但亦隱於鬧市。現在入於世道純粹是出於天命偶然，甚至是一時不濟。縱然是收了你的利潤，但說到底你應該多謝我的指點才對。

當自己到了混得潦倒時，就對人說：名利都早已看破，故不著緊甚麼。我自己有更遠大的方向。唯把事情說穿了後，一切都只屬亂拋書包。壓根兒不知天高地厚、欠缺眼界。被人再追問到失意的事情時，自己根本無言以對。那就只好怨天尤人，甚至是惱羞成怒了。

對極！這確是樂只君的寫照：一個自以為是的普通人，有時候甚至較一般人更為下流。

全書裡最認真的就是此文，故就用來做個終結。

（全書完）

源·結

作者：文窮

編輯：Margaret Miao

設計：Spacey Ho

出版：紅出版（青森文化）

地址：香港灣仔道 133 號卓凌中心 11 樓

出版計劃查詢電話：(852) 2540 7517

電郵：editor@red-publish.com

網址：http://www.red-publish.com

香港總經銷：聯合新零售（香港）有限公司

台灣總經銷：貿騰發賣股份有限公司

地址：新北市中和區立德街 136 號 6 樓

電話：(886) 2-8227-5988

網址：http://www.namode.com

出版日期：2024 年 7 月

圖書分類：玄學／命理

ISBN：978-988-8868-59-9

定價：港幣 98 元正／新台幣 390 圓正